AF578935

LES BOLCHÉVIKS
AU POUVOIR

*Dédié à la mémoire de toutes
les victimes des Bolchéviks
en Russie.*

PRÉFACE

Certains journaux français soutiennent encore le gouvernement qui règne en Russie actuellement ; on est étonné de voir des hommes qui, toute leur vie, ont lutté en faveur de la liberté de la presse et de la liberté de réunion et d'association, élever la voix en faveur d'un régime qui supprime toutes ces libertés. Il y a même en Suisse une presse, heureusement sans grande influence, qui représente Lénine et Trotzki comme des précurseurs. Le soviet d'Olten, Platten et consorts ont convoqué la classe ouvrière à célébrer l'anniversaire du premier gouvernement socialiste (!) le 7 novembre. On sait quel fut le résultat de cette manœuvre : la proclamation de la grève générale en Suisse au moment où tous les amis de la liberté et de l'humanité étaient pleins d'une joie indicible à la nouvelle de l'armistice et de la défaite définitive des empires centraux ; puis la mobilisation et les ravages de la grippe qui s'étendirent dans toute la Suisse, emportant plus de mille jeunes soldats et des milliers d'habitants du pays.

Un traître à son pays, Guilbeaux, s'est fait, à Genève, l'apôtre de Lénine et de ses instruments ; d'autres feuilles louches, publiées aussi à Genève et que chacun méprise, chantaient à qui mieux mieux les louanges des usurpateurs du pouvoir en Russie. Tout cela remplit d'une profonde douleur le cœur de ceux qui connaissent la Russie, qui aiment le paysan russe si bon, si sympathique et les classes moyennes si larges d'idée, si pleines de nobles aspirations, mais qui toutes halètent à présent sous le talon de tyrans impitoyables, qu'on cherche à faire passer pour des pionniers de l'ordre futur. Si ces journalistes, les Renaudel, les Longuet, etc., à Paris, les Mac Donald en Angleterre, les Troelstra en Hollande, les Graber, les Golay en Suisse savaient la vérité, ne seraient-ils pas les premiers à jeter l'anathème aux bandits qui font couler des torrents de sang ?

Au lieu de continuer à montrer de la sympathie pour des misérables, pourquoi ne lisent-ils pas des œuvres comme la brochure de M. Weiss, elle leur ouvrirait les yeux.

M. Jacques Weiss est un Appenzellois qui a combattu dans les rangs de l'armée russe et qui pour sa vaillance a reçu les distinctions les plus flatteuses. Il a pu observer ce qui se passait, il a pu juger de visu la monstrueuse folie qui mène la Russie à sa ruine. Il y a vu les rues de la ville balayées par les mitrailleuses, les anciens partisans du Soviet décimés, le peuple affamé, la justice foulée au pieds, la désorganisation partout.

M. Weiss n'a raconté que ce qu'il a vu. Il ne fait pas de phrases, pas de déclamations, pas d'amplifications philosophiques, auxquelles les Russes sont trop souvent adonnés. Il raconte, il compare simplement les faits, aussi ses pages sont-elles plus éloquentes, plus probantes que bien des gros volumes. C'est un appel déchirant adressé aux nations de l'Entente et aux neutres de porter secours à la Russie pour permettre aux millions d'honnêtes travailleurs, de paysans, d'intellectuels de se débarrasser d'une poignée de mécréants qui sucent le sang du pays.

G. BROCHER,

Ancien professeur à Moscou.
Rédacteur en chef de la Russie Libre.
Directeur des Peuples Libres.

Volga, Volga, tes eaux débordées au printemps
Se répandent moins sur nos campagnes
Que l'immense douleur du peuple
Ne se répand sur tout le pays.

Chanson populaire russe.

Je n'ai jamais eu l'intention d'entrer dans la carrière littéraire et surtout je ne me préparais pas un jour à décrire le régime bolchéviste en Russie, mais la forme que prend la révolution en Allemagne et en Autriche-Hongrie et les troubles qui ne peuvent manquer d'éclater et qui montrent les rapports de tous ces évènements avec le bolchévisme russe, m'ont engagé à prendre la plume et à faire une description aussi impartiale que possible de ce qui se passe actuellement dans la Russie des soviets, cet infortuné pays « le plus libre du monde, cet oasis, ce paradis socialiste ». N'ayant malheureusement ni mes notes ni journaux (j'ai été obligé de laisser tout cela en Russie), je devrai me reposer sur ma mémoire, mais ne voulant pas parler de ce que je n'ai pas assez, moi-même, observé, je préfère omettre certaines preuves, même très intéressantes, du « génie gouvernemental » bolchéviste, plutôt que de mériter le reproche de n'avoir pas assez exactement rendu les faits. Tout ce que je vais raconter ici, je l'ai vu de mes yeux, je l'ai lu dans la presse officielle russe (bolchéviste), car j'ai vécu constamment en Russie jusqu'au mois d'octobre 1918.

Arrivée en Russie des chefs du bolchévisme ; programme bolchéviste ; attitude du gouvernement provisoire et du soviet de Pétrograd en-

Les premiers temps de la révolution russe (mars 1917) les bolchévistes n'avaient pas la moindre influence dans le gouvernement du pays. Ce n'est qu'à partir de l'arrivée de Lénine, Trotzki & Cie, revenant de la Suisse hospitalière à travers l'Allemagne pendant la guerre, que le tableau de la vie politique de la Russie prend rapidement une nouvelle tournure. Le bolchévisme attire de plus en plus l'attention publique, sauf celle des

vers ces chefs; les bolchéviks s'emparent du pouvoir en Russie.

gouvernants d'alors et des missions étrangères accréditées en Russie. Lénine et ses compagnons arrivèrent à Pétrograd, si je ne me trompe, le 3/16 avril 1917, c'est-à-dire 33 jours après le début de la révolution russe. La première chose que firent les arrivants, c'est d'occuper le magnifique hôtel de la danseuse Kchécinska et depuis lors, ce palais devint le foyer le plus ardent de la révolution « approfondie », on y établit la rédaction du journal bolchéviste « Pravda », c'est là encore qu'on établit l'état-major bolchéviste et anarchiste, c'est du balcon de ce palais que Lénine prononça ses premiers discours incendiaires.

Le sens de tous ces discours, c'est la nécessité, l'urgence de remettre tous les pouvoirs aux mains des Soviets (conseils des députés ouvriers, soldats et paysans), de mettre immédiatement fin à la guerre, de saisir, au profit des travailleurs, toutes les terres, de nationaliser les usines, les fabriques et les banques, de convoquer au plus vite l'Assemblée constituante, etc. Tels étaient aussi les motifs chantés tout le temps par la « Pravda ».

Comprenant parfaitement que la force réelle était dans l'armée, quoique celle-ci eût déjà été assez désorganisée par le « fameux » ordre du jour No. 1, publié dès les premiers jours de la révolution par le Soviet des députés ouvriers et soldats de Pétrograd, non contents des « Pravda », « Social-démocrate » et autres journaux bolchévistes, publiés par eux et envoyés en d'immenses quantités d'exemplaires à l'armée, où ils étaient distribués ouvertement aux soldats des tranchées, les bolchéviks se mirent à publier, à Riga, si je ne me trompe, un journal spécial pour soldats, intitulé « La Vérité des Tranchées » (Okopnaya Pravda) où en prose et en vers, on excitait les soldats contre les officiers, où l'on prêchait à la troupe la fraternisation avec les Allemands, la fin de la guerre, le retour immédiat dans leurs villages où on allait distribuer les terres....

Tous ces agissements, évidemment criminels des bolchéviks, ne rencontrèrent d'opposition d'aucun côté. Le Soviet de Pétrograd, qui avait réellement entre ses mains tout le pouvoir de la Russie révolutionnaire, ne faisait nulle attention aux intrigues des bolchéviks, parfois même il en haussait les épaules. Quant au gouvernement provisoire, anémié et sans volonté, qui déclarait qu'il ne prendrait pas de mesures violentes, même si la foule envahissait la salle des séances du Conseil des ministres, il est oiseux de le dire, il a toujours été mené en laisse par le Soviet de Pétrograd, et sans l'approbation de celui-ci, ce gouvernement provisoire ne pouvait faire un pas. Le Soviet considérait que par leurs discours et leurs journaux, les bolchéviks se servaient de leur droit « légitime » de liberté de la parole et de la presse, c'est pourquoi tous les agissements de ces bolchéviks, *malgré l'état de guerre*, ne pouvaient être punis. Ils désorganisaient de plus en plus le pays, inaperçus.

Le 3/16 juillet 1917, les bolchéviks essayèrent de s'emparer du pouvoir, ils convoquèrent la garnison de la capitale à une manifestation armée. Un tumulte indescriptible se répandit à Pétrograd. Le gouvernement provisoire n'avait à sa disposition aucune partie de l'armée sur laquelle il pût compter, seuls les cosaques marchèrent ouvertement contre les bolchéviks. Ces « désordres » durèrent trois jours, ce n'est que l'arrivée de portions de l'armée, rappelées du front, qui permit au gouvernement d'éviter la défaite et l'emprisonnement. Le plan des bolchéviks échoua. Lénine, Zinoviev, et quelques autres leaders se cachèrent. Trotzki,

Kozlovski, Madame Kolontaï, et d'autres furent arrêtés. On commença des poursuites qui démontrèrent les relations des bolchéviks avec l'Etat-major général allemand, et firent supposer qu'ils avaient reçu de l'argent allemand. Malgré cela, tous les bolchéviks arrêtés furent, pour une raison quelconque, mis en liberté.

Lénine et ses camarades étaient-ils vendus aux Allemands ? ont-ils reçu de l'argent pour trahir non seulement la Russie, mais aussi l'Allemagne, où n'y avait-il rien de semblable en réalité ? je n'en sait rien : on pourrait certainement trouver ces informations dans les archives secrètes qu'on est en train de fouiller à Berlin, si toutefois ces documents ne sont pas détruits par quelqu'un. Je dirai seulement que dans la revue « Bez Lichnikh Slov », publiée alors à Pétrograd par le député socialiste à la première Douma Alexinski, fut publiée une considérable correspondance démontrant que Lénine et d'autres bolchéviks influents avaient reçu des subsides de l'Etat-major allemand pour faire de la propagande bolchéviste en Russie et particulièrement dans l'armée russe. Une autre correspondance, encore plus déshonorante pour Lénine et ses amis, a été publiée par le journal hebdomadaire « Fonar » (La Lanterne), à Moscou, au commencement de 1918 (si je ne me trompe pas, dans le No. 6 ou 8). *Toutes ces accusations honteuses furent laissées sans réponse par les personnes déshonorées*, et les auteurs de ces articles ne furent pas poursuivis par elles. Comme je l'ai dit, ces accusations ont paru en 1918, au moment où Lénine et ses compères étaient déjà maîtres de la Russie. Je le répète, je ne sais pas réellement si ces leaders ont été corrompus par de l'argent allemand, mais après tout cela importe peu. Il est toutefois certain que toutes les provocations bolchévistes étaient au profit de l'Etat-major allemand et que le gouvernement allemand savait d'avance la ligne de conduite que suivraient en Russie Lénine, Trotzki, Zinoviev et tutti quanti, car autrement ces « héros » n'auraient pu traverser l'Allemagne pour retourner en Russie, mais ils auraient dû, comme d'autres émigrés russes, retourner par mer, dans leur pays, et ils auraient pu être coulés par des sous-marins allemands, comme cela est arrivé à Karpovitch, le meurtrier du ministre de l'instruction publique Bogolyépov.

Les journées du 3-5 (16-18) juillet, malheureusement, n'avaient rien appris au Soviet de Pétrograd et au gouvernement provisoire : même après cela ils continuèrent leur politique ruineuse de « non résistance au mal » et les bolchéviks, comme auparavant, répétaient au peuple que le gouvernement provisoire le trompait, qu'il ne convoquerait jamais l'Assemblée constituante, qu'il ne distribuerait pas de terre aux paysans, que la guerre ne se faisait qu'au profit des capitalistes français, anglais, russes et du monde entier, qu'il était indispensable de finir cette guerre au plus vite, et que le meilleur moyen d'y arriver, c'était la « fraternisation » avec l'ennemi et l' « armistice » qui peuvent être décidés par chaque régiment sur le front, que les officiers sont les ennemis du peuple, que la bourgeoisie, ce sont des parasites suçant le sang du peuple, etc. Par toutes ces devises démagogiques qui résonnaient dans tous le pays, dans toutes les tranchées du front, les bolchéviks, peu à peu, se faisaient des partisans, en attirant les soldats par la perspective de la paix, les ouvriers par la promesse de pain, car, selon les bolchéviks, les paysans ouvriraient leurs greniers immédiatement et donneraient du pain aux citoyens, aussitôt que l'autorité aurait passé entre les mains des Soviets. Peu à peu, dans le Soviet de Pétrograd, se forma une aile bolchéviste considérable qui, au milieu d'octobre 1917, se déclara ouvertement contre la majorité du Soviet, s'en sépara et convoqua un congrès des Soviets, si je ne me trompe, le 23 octobre (5 novembre) 1917. Le gouvernement provisoire, même alors, ne prit aucune mesure préventive et le congrès convoqué par les bolchéviks eut lieu. Lénine et Zinoviev qui se cachaient à la justice depuis le 5 juillet osèrent paraître à cette conférence. Sur l'appel des bolchéviks de Kronstadt, qui avait toujours été les soutiens du bolchévisme (« la beauté et la fierté de la révolution russe », comme Trotzki avait appelé les matelots de la Baltique qui avaient tué et noyé leurs officiers), des vaisseaux de guerre entrèrent dans la Néva, jetèrent l'ancre devant le pont Nicolas et à l'ordre du gouvernement de retourner à Kronstadt, répondirent par un refus. Le même jour les bolchéviks distribuaient publiquement des armes aux ouvriers de Pétrograd. Tout cela se passait sous les yeux du gouvernement et du Soviet de Pétrograd, mais, Kérenski, ce soir-là (le 24 octobre) prononçait au Soviet de la république un de ses discours retentissants, dans lequel il montrait entr'autres toutes ces préparations des bolchéviks que, « comme chef du gouvernement possédant le plein pouvoir, il écraserait sans aucun doute », disant que toutes les mesures étaient prises et que l'ordre avait déjà été donné d'arrêter Lénine, coupable du crime de haute trahison. Mais on vit bien qu'il n'y avait plus personne pour exécuter cet ordre. Le lendemain même, pour défendre les membres du gouvernement provisoire au palais d'hiver contre les bandes bolchévistes qui commençaient l'attaque, on ne trouva qu'une poignée d'aspirants et.... des femmes du bataillon féminin.

Le 25 octobre (7 novembre) 1917, le gouvernement provisoire était renversé et le fauteuil présidentiel était occupé par le « criminel de haute trahison » Lénine, qui appelait ses ministres *commissaires du peuple* et lui-même *président du conseil des commissaires du peuple.*

Immédiatement après le coup d'état, tous les partis politiques, non seulement les partis bourgeois, mais aussi les partis socialistes, se sont détournés avec horreur des bolchéviks et ont formé un « Comité de salut de la patrie et de la révolution ». Du nombre des quatorze commissaires du « peuple » qui venaient à peine de saisir le pouvoir, huit des moins furieux (quoique eux-mêmes naturellement fussent bolchéviks) donnèrent leur démission, voyant dans quel abîme effroyable de guerre civile, ce coup d'État allait plonger la malheureuse Russie. Néanmoins, *la minorité* restée au pouvoir, sous la direction de Lénine et Trotzki, continua à fortifier « le nouvel état de choses » en bombardant à coup de canons et de mitrailleuses le cœur de la Russie, Moscou, et en anéantissant les monuments antiques.

Le 5 (18) novembre, Moscou fut enfin « pacifiée » et depuis cette date les « hôtes étrangers » répandirent graduellement leur autorité sur d'autres villes et d'autres régions de la Russie, en employant toujours la même méthode favorite. Comprenant parfaitement qu'ils ne pourraient se passer des intellectuels au commencement, après avoir saisi le pouvoir, ils incitèrent les intellectuels et les fonctionnaires à garder leurs places, en leur promettant une complète sécurité. Il est vrai que fort peu de personnes obtempérèrent à leurs appels, mais ceux qui consentirent à travailler comme auparavant y gagnèrent fort peu : ayant fortifié peu à peu leur situation, les bolchéviks supprimèrent graduellement les institutions de l'Etat bourgeois et mirent à la porte les intellectuels qui s'étaient fiés à eux. Les bolchéviks supprimaient toutes les autonomies locales. *Au nombre de ces institutions « bourgeoises », les bolchéviks supprimèrent partout les organismes des autonomies locales (conseils municipaux, conseils d'arrondissement, conseils généraux) élus sous le gouvernement provisoire par toute la population, au suffrage universel des femmes et des hommes.*

Voilà, dans les traits généraux, l'histoire du coup d'Etat du mois d'octobre en Russie et je ne puis qu'ajouter que *ce coup d'Etat a été accompli un mois avant la réunion de l'Assemblée Constituante convoquée par le gouvernement provisoire.* Cette introduction m'a semblé indispensable pour que les lecteurs puissent se rendre un compte même superficiel de la manière dont une poignée d'intrus ont pu s'emparer du pouvoir en Russie. D'un autre côté, une introduction de ce genre est nécessaire pour comparer les anciennes promesses bolchévistes avec ce qu'ils ont donné à la Russie et pour montrer *combien le bolchévik au pouvoir comprend la liberté différemment de ce que ce même bolchévik la comprenait lorsqu'il combattait encore pour arriver au pouvoir.* De plus, dans mon introduction j'ai voulu montrer les programmes et les méthodes dont se servaient les bolchéviks pour tendre à arriver au pouvoir, car sans doute ils voudront appliquer les mêmes méthodes dans d'autres pays. Enfin, je crois mon introduction utile pour faire voir *comment toute autorité révolutionnaire craint le reproche de conservatisme et conséquemment garde volontiers à ses côtés toutes sortes de tendances de gauche, même si ces tendances vont plus à gauche que le bon sens :* le gouvernement provisoire à demi-bourgeois craint comme le feu le Soviet socialiste de

Pétrograd, et celui-ci se met à plat ventre devant les bolchéviks et les anarchistes (1), n'osant prendre aucune mesure contre eux par crainte de s'attirer des accusations de « lèse liberté » et de « contre révolution ».

Et comment agit le nouveau pouvoir « du peuple », et comment il comprend la « liberté », j'en parlerai plus loin.

Depuis le moment de l'arrivée des bolchéviks au pouvoir, plus d'une année s'est écoulée. Pendant ce temps, la nouvelle autorité a publié tant de décrets, qu'il est impossible et inutile de les énumérer, quoique la vie du pays ait été transformée par ces édits. Je ne puis ici qu'indiquer ce que les bolchéviks ont fait dans les branches les plus importantes de l'organisme politique et jusqu'à quel point ces « transformations » satisfont le pays et répondent aux anciennes grandiloquentes promesses des bolchéviks.

Organisation de l'Etat dans la Russie des soviets.

Selon la Constitution approuvée par « le congrès panrusse des Conseils des députés ouvriers, paysans, cosaques (!) et de l'armée rouge », la Russie est dénommée « République russe socialiste, fédéraliste des Soviets », l'autorité suprême appartient au dit congrès qui nomme les « Commissaires du peuple » (ministres) qui gèrent les divers départements (ministères) de l'administration de l'Etat. Comme le congrès ne s'assemble que périodiquement (depuis une année qu'ils existent, il y a eu cinq sessions) et que chaque session ne dure que trois ou quatre jours, l'organe permanent de l'Etat est le Comité central exécutif du dit congrès des Soviets. Les

(1) En nommant les anarchistes, je veux parler d'anarchistes russes du type Bonnot. Quant aux anarchistes comme Kropotkine, ils n'ont fait partie d'aucun parti russe et ils sont considérés par les bolchéviks comme des bourgeois ennemis du peuple.

autorités locales sont représentées par des Soviets locaux, provinciaux, cantonaux, municipaux.

Quoique suivant la Constitution, le pouvoir central édite des lois pour toute la Russie des Soviets, *les autorités locales ne s'inquiètent que de celles qui lui conviennent*. On connaît bien des cas où les Soviets locaux agissent contrairement aux ordres du centre. Ainsi, par exemple, c'est ce qui arriva dès l'interdiction d'exiger de la « bourgeoisie » des « contributions » au gré des Soviets locaux: ceux-ci non seulement continuèrent à lever de ces contributions, mais ils en parlent dans leurs journaux. Ainsi, *pratiquement, l'autorité appartient justement aux Soviets locaux* et surtout aux Conseils municipaux qui sont plus rapprochés de la population. Comment donc ces conseils sont-ils élus et quels en sont les membres? Comme je le sais pertinemment, les membres de beaucoup d'entre eux n'ont absolument rien de commun avec la population locale et encore moins avec la population ouvrière. Je sais que parmi les principaux meneurs des Conseils municipaux, il y a des hommes qui, malgré leur jeunesse et leur bonne santé, étaient avant la révolution des *mendiants de profession*, ne voulant pas se donner la peine de travailler. Pour pouvoir comprendre l'élection de pareils gens, il faut connaître le paysan russe. Il aime vraiment sa terre, l'agriculture, il veut labourer, il voudrait travailler à ses blés. Il n'a pas le temps de siéger dans les conseils, et de plus il ne sait rien de la politique. Quand je leur demandais pourquoi ils élisaient à leurs conseils des hommes complètement incapables, dont eux-mêmes ils se plaignent à présent, tous les paysans me répondaient : « Mais qui donc parmi les maîtres de maisons voudraient aller aux conseils? Nous avons élu des fainéants ». Et une fois que le conseil est formé, le paysan, par habitude, par atavisme, le regarde comme *l'autorité*. Une telle idée du paysan russe sur ses élus est d'autant plus compréhensible que les membres individuels des Conseils municipaux (et parmi eux, naturellement les moins dignes), après avoir occupé dans les Soviets l'extrême gauche, terrorisent non seulement la population locale, mais le Soviet lui-même, sachant bien que par leur activité ils seront toujours agréables à l'autorité qui les soutiendra. Cependant, cette composition de Soviets n'a pas paru assez « prolétarienne » et « consciente » à Lénine. C'est pourquoi il a édité une nouvelle loi sur la création de « *comités d'indigence* » qui jouissent de la bienveillance spéciale de l'autorité centrale et auxquels ne peut être élu aucun paysan propriétaire travailleur. Ces comités se sont formés récemment, je n'ai presque pas pu observer leur activité, aussi je ne me décide pas à donner ici d'exemples, quoique j'aie entendu de la bouche de personnes dignes de toute confiance des choses affreuses sur les agissements de ces comités. Je ferai voir seulement que par suite de la création de ces comités d'indigence, leurs derniers amis, les socialistes révolutionnaires de gauche, ont abandonné les bolchéviks au cinquième congrès des Soviets (Spiridonova, Kamkov, etc.), qui ont nommé ces comités « comités de fainéants », ce qui, naturellement, est tout à fait exact. Cependant il faut dire que le différend entre les socialistes révolutionnaires et les bolchéviks a commencé en réalité bien plus tôt, et a été causé par la signature du traité de Brest-Litovsk par Lénine, Trotzki & Cie, dont je parlerai plus loin. Les comités de fainéants ont été la dernière goutte qui a fait déborder le vase.

Politique agraire du pouvoir de soviets.

Comme je l'ai dit, le paysan russe aime sa terre, il y tient ferme. Dans son âme, tout possesseur est un propriétaire, c'est-à-dire un petit bourgeois. Il va sans dire que ce sentiment de propriété aurait des racines encore plus profondes si, d'après les anciennes lois russes, la terre eût appartenu aux individus et non à toute la commune paysanne qui, périodiquement, se partageait la terre entre ses membres. Les bolchéviks, *en dépit de leur programme*, sous la pression des socialistes révolutionnaires de gauche, ont publié un décret sur la socialisation de la terre. Le paysan russe ne comprend pas du tout ce terme et supposant que toutes les terres des propriétaires nobles, les terres de l'Etat et celles des monastères allaient passer entre ses mains, apprit avec joie cette nouvelle, mais les circonstances subséquentes lui prouvèrent le peu de fondement de cette joie : il vit que sans connaissances spéciales, sans instruments aratoires, il ne pouvait bien cultiver son lopin de terre, et qu'il ne fallait pas penser à la terre des seigneurs : elle avait passé presque entièrement sous la direction des Soviets et pour ce que les Soviets pouvaient en faire avec un personnel comme celui que nous avons mentionné, il ne vaut pas la peine d'en parler. Il est vrai qu'en beaucoup d'endroits les paysans eurent le temps de s'emparer de la terre des seigneurs, mais comme la saisie s'était effectuée sans aucun plan et qu'aucune organisation n'y prenait garde, la plupart des terres est restée non cultivée. De plus un grand nombre de maisons ou châteaux des seigneurs avaient été démolies ou brûlées par les paysans avec toutes les machines agricoles ; fréquemment pendant le partage, le cheptel et les machines étaient détruites, car les paysans se « partageaient » les machines agricoles parfois de cette façon : un village avait reçu un axe de roue, un autre une roue dentée, un troisième un corps de pompe, des courroies de transmission, la scie d'une machine à faucher, le chariot d'une machine à battre sans la machine, etc.

Dans de telles conditions, si auparavant il y avait une disette d'instruments agricoles, à présent ceux-ci manquaient presque complètement. Ainsi il n'y a rien d'étonnant que, malgré l'excellente récolte de cette année et malgré l'augmentation de la portion de terre des paysans, l'on ait remis beaucoup moins de blé que l'année dernière où la récolte avait été mauvaise. Il est terrible de penser à ce qui arrivera en 1919 : non seulement il n'y a plus de *machines*, mais probablement il n'y aura plus de *semences*, car tout aura été mangé. Et quel paysan actif s'efforcera de faire produire plus à sa terre, s'il sait que tout ce qui dépasse la « moyenne » sera saisi par les bolchéviks, comme je le dirai en parlant de la politique des ravitaillements des autorités bolchévistes. Voyant quelle désorganisation, quelle ruine a été introduite dans les villages par la devise de Lénine : « Prends tout ce que tu pourras », les bolchéviks eux-mêmes ne savent ce qu'ils doivent faire. La loi sur la socialisation de la terre a été publiée il y a déjà longtemps, mais comment il faut l'appliquer, comment on pourra plus ou moins régler le partage des terres, car il faudra dans beaucoup de villages enlever les terres saisies selon le précepte de Lénine, les gouvernants n'en savent rien. Aussi on voit la mise en vigueur de la loi sur la socialisation de la terre remise de jour en jour : du printemps on l'a renvoyé à l'été, puis à l'automne, mais jusqu'à présent la loi n'est pas encore appliquée. Seule la partie destructive de ce décret a été mise en œuvre, c'est-à-dire l'expulsion de tous les propriétaires de leurs biens et la destruction d'un grand nombre d'exploitations agricoles modèles. La réalisation de la partie positive de la socialisation de la terre, comme en général toute œuvre positive,est au-dessus des forces des bolchéviks, car ils en sont tout à fait incapables. Les paysans le comprennent bien, ils voient que la puissance des Soviets chancèle, aussi est-il bien compréhensible que parmi les paysans laborieux, non seulement il n'y a pas de sympathies pour les bolchéviks, mais que tous sont les ennemis irréconciliables du bolchévisme. Cette circonstance sera encore plus facile à comprendre quand j'aurai fait connaître la politique de ravitaillement des pouvoirs soviétistes.

La question ouvrière.

Sous le gouvernement provisoire les ouvriers avaient déjà obtenu les huit heures de travail et la complète liberté de réunions et de grèves. Ayant pris le pouvoir, les bolchéviks se mirent systématiquement à exciter les ouvriers contre leurs patrons et les ingénieurs, comme d'ailleurs ils faisaient auparavant, et ils réussirent à faire expulser de certaines fabriques toute la «bourgeoisie», les fabricants et les ingénieurs par les travailleurs, ou plutôt par les Soviets des ouvriers bolchévistes. Inutile de dire qu'au bout de quelques jours on vit le résultat de pareilles mesures : les fabriques s'arrêtèrent, car il n'y avait personne pour faire marcher les machines ou pour réparer le moindre défaut. Il y eut des cas nombreux où les ouvriers durent prier les administrateurs et les directeurs des fabriques de retourner à leurs occupations et après le retour de ceux-ci, on faisait dire des messes d'actions de grâce. D'ailleurs il ne vaut pas la peine de parler de fabriques et d'usines après 12 mois de régime bolchéviste, les fabriques se ferment les unes après les autres par manque de matières premières et de chauffage, et les ouvriers sont par milliers sur le pavé, *augmentant ainsi le nombre déjà incroyable des sans-travail.* Toutes les usines, les chemins de fer, les fabriques et en général toutes les grandes industries, ont été proclamées « propriétés nationales », mais même avant le décret toutes les grandes industries dans le territoire de la république des Soviets, avaient passé au compte de l'Etat : par suite de la grande cherté, les salaires montaient toujours et comme toute augmentation de ces salaires amenait nécessairement une nouvelle augmentation du coût de la vie, toutes les ressources étaient insuffisantes. Pour le mois d'octobre 1918, le minimum des salaires quotidiens avait été fixé, si je ne me trompe, à 15 roubles (39 francs en comptant la valeur du rouble en Russie) et cela pour le travail le plus simple, pour un manœuvre. Les ouvriers classés doivent recevoir au moins de 30 à 50 roubles par jour. Il va sans dire qu'aucune indemnité particulière ne peut payer de pareils prix, d'autant plus que, en dépit d'une augmentation si colossale des salaires quotidiens, la production est tombée de presque autant, par suite du manque chronique de nourriture et de l'absence de surveillance régulière. Par exemple, la construction d'une locomotive à l'usine de Putilov demande tant de temps et revient à des sommes si fabuleuses que je n'ose en donner la somme exacte, ne me fiant pas à ma mémoire. Je dirai seulement que chaque locomotive revient à plus de 10 millions de roubles. Dans de telles conditions, il serait plus honnête pour l'Etat et plus profitable pour le pays, de fermer complètement toutes les usines et fabriques et de payer à tous les ouvriers une retraite même de 10 roubles par jour, car tout de même la paie quotidienne actuelle ne correspond pas à leur travail.

Les ouvriers recevant un salaire si colossal, sans être obligés à un travail intensif comme autrefois, sont-ils contents ? Non, non ! Tous ceux avec qui j'ai eu l'occasion de parler, couvrent d'insultes les bolchéviks et disent qu'ils se souviennent avec regret du temps passé, quand en gagnant quelques sous ils pouvaient satisfaire avec ces quelques sous beaucoup plus de leurs besoins qu'à présent, puisque le poud (16 kilogrammes) de blé coûte 600 roubles et que pour une mauvaise paire de bottes, il faut donner de 300 à 400 roubles, etc. (1).

De plus, les ouvriers voient parfaitement qu'au lieu de toutes les libertés dont *ils jouissaient, même avec surabondance, sous le régime provisoire*, le nouveau pouvoir « ouvrier-paysan » leur a donné une seule « liberté », celle de faire sans récriminer la volonté des Soviets sous peine d'être fusillés. Ainsi l'été dernier, quand les ouvriers des chemins de fer, poussés au désespoir par la faim, ont déclaré la grève, le «pouvoir ouvrier» fit immédiatement arrêter les comités de grève et tourna contre les grévistes toutes sortes d'armes, même des canons lourds. Vers le même temps, on tira à Moscou sur un meeting de protestation des travailleurs des chemins de fer Alexandre, et il y eut une trentaine de victimes. On pourrait citer un tas d'exemples de ce genre.

Politique financière du pouvoir soviétiste.

Toutes les dettes de l'État de Russie ont été annulées par les bolchéviks ; toutes les banques privées ont été nationalisées avec tous leurs capitaux ; les dépôts dans les banques ont été saisis et chargés d'un impôt montant jusqu'à 60 %, de même que les objets précieux des particuliers, qui se trouvaient dans les coffres-forts ; on supprime le droit de propriété des immeubles dans les villes aussi, et les locataires doivent payer aux Soviets 40 % du prix de l'appartement ; on impose des « contributions », qui se chiffrent par millions, à la bourgeoisie, aux villes et aux sociétés rurales des paysans.... Il sem-

(1) Ces chiffres sont ceux de septembre 1918. Ils sont plus élevés à présent.

blait que l'Etat devait avoir d'immenses ressources, mais il arriva tout le contraire. *L'« annulation » des dettes d'Etat et surtout la confiscation des banques privées et des capitaux individuels ont absolument tué le crédit et la foi dans les banques ;* sans le crédit, sans cette confiance, la vie économique d'un pays est condamnée à la ruine.

Malgré les grandiloquentes promesses des bolchéviks, que dorénavant tous les dépôts dans les banques seront sûrs, et que les propriétaires auront toujours le droit de les recevoir de nouveau, personne ne porte un sou à la banque d'Etat, ou, comme elle s'appelle actuellement, à la banque « du peuple ». Au contraire, tous ceux qui y possédaient quelque argent, cherchent par tous les moyens à le retirer.

Il faut se rappeler que, vu le décret bolchéviste, la banque n'a pas le droit de rembourser plus d'une certaine somme (de 150 à 500 roubles par semaine) pour un compte, de sorte qu'il est loin d'être facile de recevoir une somme plus ou moins forte ; cela est complètement impossible sans gros pots de vin, payés aux commissaires bolchévistes qui doivent veiller à l'application de ce décret et qui, ainsi, se font de belles rentes. Impossible de ne pas rappeler que, malgré l'annulation de tous les emprunts d'Etat, le pouvoir bolchéviste déclara à l'improviste que : « auront cours *à l'égal de la monnaie et aux prix nominal,* tous les coupons des emprunts d'Etat, dont la date n'est pas postérieure au 31 décembre 1917, ainsi que toutes les petites coupures de l'emprunt de la liberté, de 20, 50 et 100 roubles », qui n'étaient cotées auparavant qu'à 85 % de leur valeur nominal. Quel était le motif de cette « mesure financière » ? on n'en sait rien, mais dans tous les cas, elle donna des profits énormes aux gens qui étaient au gouvernail du gouvernement et qui connaissaient d'avance cette mesure et avaient toutes les possibilités d'acheter à temps une somme très forte de ces valeurs qui, après l'annulation, ne valaient presque rien.

Dans de telles conditions, que pouvait-on dire de la politique financière des gens qui ordonnent de telles « mesures », qui luttent contre le renchérissement seulement par l'augmentation des salaires et remplacent l'argent manquant par des émissions sans fin de billets de banque ? *Il n'y a aucune politique, il n'y a qu'une presse qui émet d'innombrables billets « Kerenki », même sans numéros.* Le budget même des bureaux les plus petits monte à des chiffres énormes et le déficit d'entreprises, comme celui des chemins de fer, malgré de fréquentes augmentations de tarifs, arrive à des milliards de roubles par année. De plus, en dépit d'émission sans borne de nouveaux papiers de valeur, il y a en circulation, proportionnellement, peu de ces billets. Tous passent dans les villages et y restent, car les paysans, comme tous les citoyens russes, n'ont nulle confiance au pouvoir des Soviets et ne portent pas leurs économies dans les caisses d'épargne officielles. Comment, dans de telles conditions, peut-on rehausser le cours du rouble ? On n'en sait absolument rien, surtout quand l'autorité elle-même ne sait pas, même approximativement, quelle quantité de *Kerenkis* elle a émis. Ce qui *se produit actuellement dans les finances de la Russie des Soviets, ne peut etre désigné autrement que par le mot Chaos.* Comme dans toutes les portions de la vie du pays, les bolchéviks n'ont apporté que la ruine dans les sphères financières. Ce chaos s'augmente encore parce que les bolchéviks déclarent graduellement tous les moyens de la vie économique « propriété de l'Etat » et les mettent sous la tutelle des Soviets, dans le personnel desquels il n'y a aucune personne expérimentée. Même dans le commerce extérieur on a introduit le monopole des Soviets.

Politique de ravitaillement des autorités des soviets.

La question des ravitaillements en Russie est si aiguë que sans aucun doute elle est devenue la plus importante, la plus urgente, la plus vitale. Les bolchéviks comprennent parfaitement que quelque patiente, quelque passive, quelque terrorisée que soit la population russe, la faim la forcera à descendre dans la rue et alors malheur aux représentants du pouvoir ! C'est pourquoi ils s'efforcent des prendre toutes les mesures possibles pour satisfaire la faim, au moins des ouvriers des villes et surtout des capitales, cependant leurs efforts, dans cette direction aussi, améliorent bien peu la situation.

Comme je l'ai déjà dit, les bolchéviks, jusqu'au moment où ils se sont emparés du pouvoir, criaient constamment partout que les paysans livreraient du blé aux villes aussitôt que le pouvoir aurait passé aux Soviets, c'est-à-dire quand, d'après les bolchéviks, il sera devenu le « pouvoir du peuple ». Voici plus d'une année que la Russie a le pouvoir rêvé par les bolchéviks et que voyons-nous ? Les paysans n'ont pas augmenté le transport du blé dans les villes, ils l'ont complètement arrêté ; la main osseuse de la famine étreint de plus en plus la population des villes et de toute la Russie soviétiste centrale et septentrionale. La farine qui coûtait à Pétrograd, en octobre 1917, c'est-à-dire avant le coup d'Etat bolchéviste, de 30 à 40 roubles les 16 kilos, avait monté en janvier 1918, c'est-à-dire en deux mois, à 160-180 roubles et depuis lors, plus le pouvoir « du peuple » s'affermissait, plus rapidement montait le prix de la farine et cela va sans dire, de tous les produits. Les mesures entreprises par le pouvoir des Soviets pour se procurer du blé dans les villages montrent parfaitement comment ce pouvoir n'hésite pas devant les méthodes les plus horribles, les plus révoltantes pour prolonger son existence. Si quelque pouvoir bourgeois s'était jamais permis la moindre application de pareils procédés, sans aucun doute, le parti socialiste du monde entier aurait, avec raison, poussé de grands cris, mais les bolchéviks, les dirigeants de « l'État le plus libre du monde », prennent de telles mesures, auxquelles n'ont pas songé même les plus affreux tyrans des temps éloignés du sombre moyen-âge. Voyant que leurs appels aux paysans ne touchent point leur but, les chefs du bolchévisme se sont parfaitement dévoilés. Au cinquième congrès des Soviets, *Lénine a déclaré que tous les paysans-travailleurs n'étaient que de petits bourgeois, ennemis du peuple. Trotzki encouragea chaleureusement les ouvriers à former des « compagnies de blé » et à faire des « croisades » dans les villages pour s'emparer des céréales.*

Il se produisit quelque chose de vraiment incroyable : une bande de chevaliers d'industrie, d'aventuriers a déclaré que le peuple russe dans son entier consistait en ennemis du peuple ! Et l'on vit alors ce qui ne s'était jamais vu depuis que le monde est monde : on organise des compagnies d'ouvriers, le gouvernement les arme de fusils et de mitrailleuses et les envoie en « croisade » pour enlever le pain à leurs frères. Il va sans dire que les armes données à ces expéditions ne sont pas portées en vain. La fumée de la poudre à canon se répand vite au-dessus des champs de blé. Il faut dire que les paysans ne livrent pas leur blé sans résistance. Presque tous les villageois en Russie sont à présent armés de carabines et de mitrailleuses emmenées « pour cas de besoin », par les soldats revenus du front. C'est pourquoi à chaque instant on livre de véritables batailles dans les villages et il arrive fréquemment que les compagnies de blé doivent revenir de la « croisade » non seulement sans blé, mais ayant perdu pas mal de « soldats ». Parfois tous les « croisés » furent tués par les villageois. Il faut ajouter que malgré la faim, fort peu d'ouvriers obtempérèrent à l'abominable invitation de Trotzky. Dans les colonnes des ravitaillements, du journal officiel, « Izvéstia du comité central », on lit assez fréquemment des télégrammes de différents districts, de ce genre : « Le rassemblement du blé n'avance que lentement par suite du manque de détachements armés ».

Cette mesure « humaine » des chefs d'une république « sociale » n'ayant pas rapporté les fruits attendus, Lénine et ses amis, après avoir expliqué comme d'habitude cet insuccès par « les intrigues de la bourgeoisie et des traîtres sociaux », inventèrent une méthode encore plus odieuse en s'efforçant d'obtenir du blé à tout prix pour, de cette façon, faire durer leur domination. On proclama officiellement des « *approvisionnements normaux* », c'est-à-dire on fixa combien chaque paysan pouvait garder de provision de blé. Tout ce qui dépassait cette norme (et chaque famille doit avoir une telle provision, car la norme est très basse), les paysans doivent le transporter au lieu de rassemblement le plus prochain et là le livrer à des prix fixés par l'autorité soviétiste (10 roubles par 16 kilos). *Toute la racaille villageoise*, c'est-à-dire les fainéants, comme les appelaient les socialistes révolutionnaires de gauche, *sont invités à surveiller leurs concitoyens du village pour les forcer a exécuter cet ordre, et chaque « pauvre diable » qui dénoncerait à l'autorité que tel ou tel paysan a caché un surplus de provision, reçoit la moitié de la valeur de ce qui a été caché, et tout ce qui était caché est confisqué.*

N'est-ce pas une belle méthode d'élever la moralité du peuple et la valeur de son travail ? Je ne me rappelle pas que Karl Marx (à qui, soit dit en passant, les bolchéviks, dans la Russie des Soviets, veulent ériger partout des monuments et dont le portrait est mis en tout lieu à côté de ceux de Lénine et de Trotzki), ou tout autre apôtre du socialisme ait jamais recommandé une telle mesure et encore dans un pays qui s'intitule république « socialiste ». Cependant toutes ces mesures ne servaient à rien et la population ne recevait pas de pain malgré les cartes, quelquefois pendant plusieurs semaines. Ainsi, par exemple, *au mois de septembre, la population recevait des produits pour la carte de mars.*

Voyant qu'aucune mesure jésuitique ne pouvait améliorer la situation, et cherchant à ne pas exciter contre eux ne fût-ce que les ouvriers, les bolchéviks, fidèles à leur but de lancer une classe contre une autre, inventèrent un nouveau truc : *la répartition des vivres selon les classes sociales.*

Ils partagèrent toute la population en quatre catégories dont les deux premières contiennent surtout les ouvriers de fabriques et des usines et les « travailleurs responsables des Soviets ». La troisième classe contient les travailleurs de l'esprit, dont le travail est « utile à la généralité », et enfin la quatrième, tous les anciens bourgeois, fabricants, officiers, avocats et aussi les médecins pratiquants, artistes, écrivains et en général, d'après l'expression bolchéviste, la « population parasite ». D'ordinaire il n'y a guère que les deux premières catégories qui reçoivent du pain pour leurs cartes et quelquefois la troisième. Les « parasites » ne reçoivent pas un gramme. *Il est curieux de remarquer qu'à l'introduction de ces catégories, les bolchéviks n'osèrent pas déclarer combien de pain on distribuait chaque jour aux diverses catégories.* Ils fixèrent seulement cette régulation : la première catégorie reçoit une portion, la seconde ¾, la troisième ½ et la quatrième ¼. Ainsi supposons que la première reçoive par exemple 100 grammes, la seconde devra en recevoir 75, la troisième 50 et la quatrième 25 grammes. Mais en réalité, les « heureux » des trois premières catégories reçoivent des portions de pain qui, vu l'absence presque complète des marchés de produits nutritifs, sont évidemment insuffisantes à soutenir l'existence, par suite de quoi toute la population des endroits non producteurs de blé doit acheter en cachette du blé en payant un argent fou. Ainsi, par exemple, *à Pétrograd, le prix de la farine avait atteint, en septembre 1918, 600 roubles pour 16 kilos, c'est-à-dire que depuis dix mois que dure le régime bolchéviste, le prix a été augmenté de presque 20 fois* (1). Naturellement dans les provinces productrices de blé, on peut acheter de la farine bien meilleur marché, mais *par suite de la complète désorganisation des moyens de transport par les bolchéviks,* le pouvoir des Soviets est hors d'état d'amener du blé des provinces centrales aux provinces septentrionales, c'est pourquoi tout être humain est obligé lui-même d'aller chercher du blé à *des centaines de kilomètres.*

Il faut être allé en Russie et avoir vu la manière dont les « libres citoyens » y voyagent par chemins de fer pour comprendre toute l'horreur de pareils voyages. Les gens assiègent les vagons comme des mouches. Ils sont assis ou debout dans tous les coins : sur les plateformes, couchés sous les bancs, sur les toits, à cheval sur les tampons et dans ces positions ils voyagent pendant

(1) Ces prix sont incontestablement encore beaucoup plus élevés à present, ils montent de jour en jour : il est plus probable même qu'il n'y a plus de pain à Pétrograd.

plusieurs journées entières. A ces horreurs des voyages s'ajoutent encore d'autres terreurs : les perquisitions et les réquisitions des vivres en route. Dans beaucoup de gares se trouvent des détachements armés qui fouillent tous les trains et enlèvent aux voyageurs, sans s'inquiéter de la catégorie à laquelle ils appartiennent, souvent jusqu'à la dernière livre de farine. Ceci donne lieu à des scènes émouvantes, mais malgré ces horreurs, la famine chasse vers les provinces du midi les intellectuels et les ouvriers.

Il faut dire que les paysans des provinces cultivant le blé ne veulent pas vendre leur produit pour de l'argent, c'est-à-dire pour des billets de banque « Kerenki » dont ils ont assez. Ils l'échangent beaucoup plus volontiers contre des objets manufacturés, du fil, des costumes, de l'eau de Cologne, etc., mais ces objets, ces étoffes se font de plus en plus rares, même dans les villes. Ainsi, par exemple, les étoffes ont presque tout-à-fait disparu après de la conclusion de la paix de Brest-Litovsk par les bolchéviks. Sans cartes, on ne peut s'en procurer qu'à des prix phénoménaux, et avec des cartes, qu'il est très difficile d'obtenir (on donne par exemple une carte pour 20 personnes) pour un méchant drap, on payait *au mois de mai* 20 roubles par archine (71 centimètres) ; une bobine de fil achetée sans carte coûtait, *au mois de septembre*, de 6 à 8 roubles, etc. (au lieu de 5 à 7 kopeks, jadis). Les produits alimentaires ont aussi atteint, en septembre, des prix exorbitants. Une livre (400 grammes) de viande valait 17 roubles (au lieu de 15 kopeks anciennement) ; une livre de viande de cheval 7 roubles ; le poisson 10 roubles, etc., le beurre 40 roubles, un verre de lait 3 roubles ; il n'y a de millet, on peut avoir du chocolat à 80 ou 100 roubles la livre, le sucre coûte 30 roubles la livre, les moindres pommes.

les plus mauvaises, coûtaient 10 roubles la dizaine, de meilleures coûtaient de 20 à 25 roubles, etc. *Sans contredit les prix ont dû bien augmenter depuis lors.* On m'a écrit de Pétrograd que le prix de la viande y avait atteint 60 roubles la livre. Il est évident qu'à de tels prix, pour les produits de première nécessité, il n'y a personne qui, dans la Russie soviétiste, soit content de l'état des ravitaillements, surtout si l'on prend en considération les traits caractéristiques de l'actualité « socialiste » russe. Pour obtenir des marchandises, non seulement il faut donner de l'argent, mais encore faire la queue pendant plusieurs heures, car la foule des acheteurs est toujours immense. Il y a souvent des cas de ce genre : Vous voulez acheter par exemple de la viande salée, naturellement il y a queue, deux ou trois heures se passent et quand arrive votre tour, toute la viande est vendue et à la place on vous offre des harengs qui, soit dit en passant, ne coûtent pas moins de 3 à 4 roubles la pièce au lieu de 2 kopeks auparavant. Aussi les citoyens cherchent-ils à occuper de bonne heure une place et souvent les queues commencent à se former à 4 heures du matin, c'est-à-dire 4 ou 5 heures avant l'ouverture des boutiques. Comme les ouvriers doivent aussi faire la queue, naturellement la haine des bolchéviks est générale, si l'on ne compte pas l'armée rouge, les tirailleurs lettons et les « troupes » chinoises dont je parlerai plus loin, et qui toutes reçoivent leur nourriture de l'État. Dans ce chapitre je dois encore parler d'une mesure appliquée largement par les bolchéviks.

Ils ont décrété, comme pour les paysans, une norme de provisions permises pour les citadins : pas plus de 4 kilos de farine par personne, millet pas plus de 2 kilos par personnes, beurre, huile ou graisse pas plus de 800 grammes, etc. Pour voir si ces ordres étaient exécutés, dans les villes on fait des perquisitions incessantes dans les logements des citoyens et souvent on y enlève des objets non alimentaires. Je parlerai plus loin, plus en détail, de l'« inviolabilité » du domicile en Russie soviétiste. Ici je dirai seulement que les bolchéviks enlèvent aux citoyens les dernières bribes de vivres, alors que sur les quais de la Volga, avant l'occupation par les Tchéco-slovaques, pourrissaient d'incroyables quantités de blé que le pouvoir des Soviets ne pouvait emmener par suite de la complète désorganisation du pays et des transports causée par le régime bolchéviste.

« Libertés » politique et civile dans la Russie bolchéviste.

Sous le gouvernement provisoire, il y avait autant qu'on voulait de ces libertés qu'on interprétait d'ailleurs d'une façon très large. A Pétrograd, par exemple, les filous même convoquaient, par voie de la presse, leurs camarades à une réunion pour discuter leurs « devoirs professionnels », et pour juger la situation de leur corporation dans les circonstances politiques d'alors. Les déserteurs aussi se rassemblaient ouvertement. En général, on permettait à chacun de faire ce qu'il voulait. La liberté politique allait si loin, comme je l'ai dit, que l'on publiait en toute liberté, *pendant la guerre*, et qu'on distribuait librement dans les tranchées aux militaires, toute sorte de « Pravda », où Lénine et ses camarades excitaient les soldats contre les officiers, les invitaient à « fraterniser » avec les ennemis et à faire cesser la guerre. Ce n'est qu'après les évènements du 3-5 (16-18) juillet 1917 que le gouvernement supprima les journaux bolchévistes et que Lénine fut obligé de se cacher pour se soustraire à une *accusation de haute trahison*. Malgré cela les bolchéviks restés en liberté purent ouvertement continuer l'œuvre de ce criminel et affoler les ouvriers et soldats par leurs discours venimeux et démagogiques. Il va sans dire que dans ces discours, les bolchéviks blâmaient la suppression de leurs journaux et attaquaient furieusement le gouvernement provisoire qui avait, « *d'une façon si éhontée* », enchaîné la presse libre d'un pays libre. Selon Trotzki, seul un gouvernement barbare pouvait avoir recours à de telles mesures, gouvernement qui n'avait pas la sympathie du peuple, car un gouvernement populaire n'a pas besoin de bâillonner la presse, même durant la guerre. Et quelles attaques, quelles insultes lançaient Trotzki et ses amis à la tête du gouvernement provisoire pour avoir rétabli (mais nous devons ajouter qu'il n'a *jamais* exécuté cette loi) la peine de mort pour certains actes particulièrement criminels *sur le front !* D'après les bolchéviks, le gouvernement s'était suicidé par cette mesure.

Est-ce que les soldats et les ouvriers auraient pu supposer que ce même Trotzki, après s'être emparé du pouvoir, introduirait dans toute la Russie soviétiste la peine de mort et encore sans tribunaux, sans enquête, pour toutes sortes de délits ?...

Nous voici au 25 octobre (7 novembre) 1917... Les bolchéviks sont au pouvoir... Il semblait que le véritable soleil de la liberté allait éclairer la Russie bienheureuse... Les ouvriers, les paysans, les opprimés ont enfin obtenu *leur autorité*, c'est-à-dire qu'eux-mêmes se sont emparés du pouvoir, comme les bolchéviks le leur répétent sans cesse.... Mais qu'arriva-t-il en réalité ? Les premiers temps de leur domination, voyant que tous les partis se détournent d'eux avec dégoût (pourtant bientôt les socialistes révolutionnaires de gauche se joignent à eux et travaillent avec eux jusqu'au 5me congrès), les bolchéviks se couvrent de la peau d'agneau et ne se permettent pas de violation criante de la liberté du peuple. Tous les journaux paraissent comme auparavant.

Dans les fabriques, les autres partis, quoique timidement, font de la propagande à côté des bolchéviks et, en général, rien ne semble faire prévoir que bientôt les bolchéviks vont se révéler si horribles. Peut-être les bolchéviks n'osaient-ils pas montrer leur véritable visage tant qu'ils ne s'étaient pas fortifiés, peut-être l'attitude des autres partis envers eux, les grèves en masses un peu partout, la démission de la majorité de leurs camarades du sein des commissaires du peuple, je ne sais, mais, je le répète, aux premiers jours de leur domination les bolchéviks ressemblent plus à des êtres humains qu'ils ne se sont montrés plus tard. Par un de leurs premiers décrets ils confirment solennellement la convocation de l'Assemblée constituante, *devant laquelle les commissaires du peuple rendront un compte complet* (1) et ils suppriment la peine de mort sur le front, « introduite par Kerenski », *parce que c'est un châtiment évidemment intolérable dans un pays libre.*

Mais plus s'approche le moment des élections à l'Assemblée constituante, fixé déjà par le gouvernement provisoire, plus francs, plus insolents deviennent les chefs du bolchévisme, car malgré la pression inouïe sur la volonté des électeurs, pression appliquée par les pouvoirs « ouvriers-paysans », il n'y a pas le moindre espoir d'obtenir une majorité à l'Assemblée, de sorte que le premier acte de cette Assemblée sera la destitution des commissaires du « peuple » et de plus elle exigera probablement qu'on rende compte des milliards de l'argent de la nation gaspillés. Il va sans dire que ces mêmes commissaires se posaient auparavant en zélés défenseurs de l'Assemblée nationale, mais que signifient pour eux des promesses anciennes ? Dès que l'As-

(1) Voir la collection des Livrets et édits du gouvernement *provisoire* ouvrier et paysan, No 1.

semblée constituante est un obstacle à leur domination : A bas l'Assemblée ! et Vive la domination des commissaires du peuple !...

Comme on le sait, l'Assemblée panrusse, élue sur la plus large loi électorale du monde, par tous les citoyens russes des deux sexes, sur le principe du suffrage universel égal, direct et secret, est dissoute par Lénine et Trotzki le premier jour de son existence. Puisque ce terrible ennemi de l'existence du pouvoir soviétiste n'existe plus, les mains des commissaires du peuple sont libres, pas n'est besoin de se gêner. Le masque est arraché !...

La première victime des « libertés » bolchévistes en Russie fut le parti démocratique de la « Liberté Populaire » (K-D), parti dont la devise était le suffrage universel et sous la bannière duquel marchait presque toute l'opposition intellectuelle sous l'ancien régime. Ce parti fut, par Lénine, déclaré « l'ennemi du peuple » et deux des plus éminents de ses leaders, le plus actif membre de la commission du budget de la Douma d'Empire, Chingarev, et le professeur de droit constitutionnel, Kokoshkine, l'auteur de la loi électorale de l'Assemblée constituante, furent arrêtés, quoique déjà élus membres de cette assemblée, et le 6 janvier 1918, ils furent tués *à l'hôpital* pendant leur sommeil par les soldats qui les avaient convoyés. Il est vrai que je n'admets pas un instant que ces odieux assassinats aient été commis sur l'ordre des commissaires du peuple, mais ceux-ci, ayant arrêté des personnes absolument innocentes (on n'avait formulé aucune accusation contre eux), hommes les plus respectables d'un parti politique que les bolchéviks persécutaient systématiquement, ceux-ci sont incontestablement responsables moralement du meurtre de ces deux illustres victimes de l'arbitraire le plus ignoble. Sur l'ordre de Lénine on organisa une enquête qui fit connaître les assassins, mais ceux-ci ne furent pas punis, pas même arrêtés.

Après le parti bougeois « de la Liberté Populaire » vint le tour des partis socialistes : les menchéviks social démocrates et les socialistes révolutionnaires de droite. Ces partis furent aussi déclarés « ennemis du peuple » et *leurs membres qui étaient membres des Soviets, élus par les ouvriers, furent simplement mis à la porte des Soviets par les bolchéviks,* et surnommés « traitres sociaux », « suppôts de la bourgeoisie », «caudataires des capitalistes anglais et français et d'autres épithètes de ce genre. Enfin les bolchéviks arrivèrent à leurs amis les anarchistes individualistes, qui les avaient activement aidés à s'emparer du pouvoir et à « soumettre » Moscou. Les bolchéviks attaquèrent à coups de canons et de mitrailleuses les hôtels particuliers « occupés » par leurs anciens amis. Et l'on peut voir combien cette amitié était étroite encore récemment, par le fait que la « garde noire », formée par les anarchistes, avait été non seulement reconnue officiellement par le gouvernement, mais même mise sur le même rang pour ses pleins pouvoirs que la garde rouge formée de bolchéviks, ce que les journaux officiels avaient fait savoir. Sans doute, les bolchéviks allaient s'en prendre à leurs derniers amis, les socialistes révolutionnaires de gauche, mais ceux-ci les prévinrent : Après la conclusion par Lénine de la paix de Brest-Litovsk, repoussée par eux, ce parti rappela ses représentants qui occupaient des postes de commissaires du peuple et, au cinquième congrès, comme je l'ai déjà dit, les révolutionnaires de gauche rompaient définitivement avec les bolchéviks. *Ainsi, actuellement, les So-*

viets consistent exclusivement en bolchéviks. Les ouvriers n'ont pas le droit d'élire qui que ce soit qu'un bolchévik et ils ne pourraient d'ailleurs le faire : tous les partis politiques sont supprimés, détruits et les élections ont lieu sous la surveillance incessante du « parti officiel » et parfois avec l'aide des mitrailleuses. Comme on voit, entre l'Assemblée constituante nationale et les Soviets d'une classe composée, grâce à la violence, de bolchéviks seuls, la distance est énorme, et seule la conscience bolchéviste, conscience élastique, aurait pu la franchir, elle à qui tout est bon et à qui tout est permis....

« Liberté » de conscience dans la Russie soviétiste.

Les bolchéviks ont proclamé la liberté de conscience et ont publié un décret séparant l'Eglise et l'Etat. Certainement on ne pourrait qu'applaudir à cette séparation, mais quand on lit le décret, on voit clairement qu'il ne s'agit pas de liberté de conscience, mais *de l'étouffement de toute religion*. On ne saurait autrement expliquer ce décret qui interdit *absolument* l'enseignement de la religion dans toutes les écoles y compris les écoles particulières, *même comme sujet facultatif*. Il faut ajouter que les bolchéviks surveillent très sévèrement l'application de cette interdiction.

« Liberté » de réunion dans la Russie soviétiste.

Quant à la liberté de la parole, de réunion, d'association, de la presse, il ne faut pas en parler : il n'y en a pas trace dans la république « socialiste », quoique toutes ces libertés aient existé en surabondance sous le gouvernement provisoire. Sans parler du fait que les partis politiques, comme « ennemis du peuple », ne peuvent exister légalement, *toute conférence professionnelle n'est autorisée que très rarement par les autorités bolchévistes et l'on arrête immédiatement les membres qui osent, même sous une forme très modérée, exprimer leur mécontentement du régime actuel.*

Ainsi, par exemple, le 13 juin 1918, fut dissoute l'assemblée des représentants élus des fabriques et usines, et les membres furent arrêtés, ce qui, naturellement, montre vivement combien les bolchévistes respectent la liberté même des classes laborieuses, *dont ils prétendent être les représentants et les défenseurs.* On pourrait citer un nombre infini de telles dissolutions d'assemblées ouvrières, suivies d'arrestations, mais je me permets de m'arrêter plus longuement sur ce cas, parce qu'il est très frappant et que de plus j'ai la possibilité de reproduire les extraits de l'appel des représentants arrêtés par les bolchéviks, adressé à « *tous les ouvriers* ». J'ai lu en Russie cet appel et à présent je le cite d'après le journal « La Cause Commune », publié à Paris par le distingué journaliste Bourtzev (« La Cause Commune », samedi 12 octobre 1918, No. 27). Le voici :

« Nous, douze prisonniers politiques dans la prison de la province de Moscou à Taganka, douze prisonniers des autorités bolchévistes, ressortissant de la « commission extraordinaire de lutte *contre la révolution* (1), nous nous adressons à vous, camarades et citoyens, à travers les murs de la prison, à travers les portes verrouillées de nos cellules, dans lesquelles le gouvernement Lénine nous a jetés. Nous, ouvriers, vieux travailleurs du mouvement révolutionnaire prolétarien, nous qui, sous l'ancien régime, avons aussi goûté de la prison, nous, socialistes, nous sommes dépouillés de la liberté par le gouvernement « ouvrier et paysan » de la république « socialiste ».

Puis l'appel décrit la dispersion de l'Assemblée et l'arrestation de ses membres, l'interrogatoire des pré-

(2) Evidemment les ouvriers socialistes arrêtés s'expriment ainsi ironiquement, mais en réalité cette commission s'appelle : « Commission pour la lutte contre la *contre*-révolution ».

venus par la commission extraordinaire, interrogatoire fait, comme l'affirment les soussignés, par des méthodes se ressentaient du plus « vil système de l'ohhrana policière ».

« Nous avons trouvé les cabanons de cette commission, dit encore cet appel, pleins de personnes des classes les plus diverses, d'âge différent, *depuis des enfants à des vieillards* laissés pendant des semaines sans avoir été interrogés, sans qu'ils sussent sous quels chefs d'accusation ils avaient été enfermés. Camarades et citoyens ! le pouvoir commet des folies inouïes. On inflige aux ouvriers qui cherchent le salut de tous, la plus grande offense. Le pouvoir viole tout ce que le peuple russe avait conquis par la révolution, ce qui lui est aussi nécessaire que l'air. *On enlève aux ouvriers leur droit primordial, la liberté de réunion*, on les laisse sans défense. Sur nos écrous sont écrit les mots : « Accusés de contre-révolution ». L'arrestation et la dispersion de l'assemblée, tenue au club socialiste, *même s'il n'y avait pas eu des dizaines d'autres dispersions, de fusillades, d'arrestations* sur la surface de toute la Russie, nous montrent que ce pouvoir *porte un faux nom d'ouvrier*. Ce pouvoir continue à voir de plus en plus « la contre-révolution » justement dans la classe ouvrière, et les prisons russes, comme sous le régime tzariste, sont pleines d'ouvriers socialistes. La classe ouvrière est en danger ! *Le pouvoir des commissaires est contre le prolétariat, contre la démocratie, contre tout le pays !* »

En conclusion, les socialistes arrêtés déclarent « leur haute protestation contre l'arrestation et contre les attaques criantes, contre le droit de réunion des ouvriers, qui ont eu lieu par les agents du *gouvernement autocratique* le 13 juin (1), ils espèrent que leur voix, de la

(1) Les passages en italiques de cet appel sont soulignés par moi.

prison, sera entendue par « les larges cercles de la classe ouvrière et de la démocratie ». Parmi les signatures de cet appel, nous voyons celles de deux membres du Comité exécutif central du parti social-démocrate ouvrier de Russie (A. Troyanovski et G. Koutchine) ; l'un d'eux (M. Kammermacher-Kefali) est le secrétaire de l'Union panrusse des travailleurs-imprimeurs, deux sont les membres du Soviet des députés ouvriers et soldats, (K. Oulianov et B. Malkin), c'est-à-dire d'une organisation gouvernementale et B. Malkine était, en outre, membre du comité exécutif central du Soviet de Moscou.

Cet appel montre clairement l'attitude des ouvriers envers le pouvoir bolchéviste, il indique parfaitement combien les travailleurs russes sont pénétrés de la conscience que le pouvoir bolchéviste « est contre le prolétariat, contre la démocratie, contre le pays entier ». Cet appel nous intéresse aussi parce qu'il soulève un peu le voile qui couvre l'activité sinistre de la fameuse commission extraordinaire, et, malheureusement, ce voile se soulève trop rarement.

« Liberté » de la presse dans la Russie soviétiste.

La question de la liberté de la presse est résolue encore plus simplement par les bolchéviks : *Interdiction de tous les journaux, non seulement « bourgeois, mais même socialistes »*.

Dans la Russie soviétiste on ne publie que des journaux officiels et des journaux bolchévistes, de sorte que toute la république « socialiste » doit regarder le monde à travers les lunettes de la presse officielle. Et comme on peut se fier à elle, les Suisses peuvent en juger par la « Berner Tagwacht » qui a publié, durant la grève récente, toute espèce de flagrants mensonges, comme par exemple des nouvelles de rébellions dans les troupes mobilisées, dans le seul but de semer les troubles.

sans se gèner sur les moyens. Une fois la Russie soviétiste autorisait la publication de journaux « *partisans du programme soviétiste* », mais les directeurs devaient avant tout *signer une garantie de leur civisme soviétiste*. Toutefois, bientôt les bolchéviks trouvèrent que c'était un « luxe inutile » et à présent, je le répète, il n'y a aucun journal que les journaux bolchévistes dans le pays « le plus libre du monde ». *Quant à ce qu'à supporté la malheureuse presse russe, quand il paraissait encore des journaux non bolchévistes dans la Russie soviétiste, il est imposible de le dire.* Même dans les temps les plus horribles de l'arbitraire, après 1830, il n'y eut jamais de telles persécutions de la presse : le pouvoir des Soviets supprimait à tout instant les journaux d'opposition, les privait du droit d'imprimer des annonces particulières, on imposait des amendes de *trois cent mille roubles* d'un coup à un seul journal : on interdisait la vente au numéro dans les rues, on confisquait les imprimeries qui imprimaient ces journaux, etc., en enfin les bolchéviks ont interdit complètement tous les organes de la presse pensant autrement qu'eux. Les souffrances de la presse russe étaient terminées....

Inviolabilité des domiciles dans la Russie soviétiste.

Le principe de l'inviolabilité du domicile est absolument inconnu en Russie. Au contraire, un « citoyen », dont le domicile n'a pas été plusieurs fois perquisitionné par les agents intrus du pouvoir, exhorte l'étonnement général, tant la violation du domicile privé est devenu un évènement quotidien. Chaque jour, chaque nuit, on fait des perquisitions en masse, dont les motifs sont les plus variés : on cherche des provisions « trop grandes » (j'en ai déjà parlé), des armes, des « suspects », des œuvres littéraires illégales, etc. Ces perquisitions sont si fréquentes que les voisins des appartements fouillés n'y font pas même attention, de sorte que sous l'apparence d'agents du gouvernement, il arrive que ce sont des cambrioleurs qui exécutent ces recherches. *Il n'y a aucune possibilité de vérifier le droit des perquisiteurs, car il y a des dizaines d'institutions qui signent des ordres de perquisitionner et les habitants ne savent pas même si ces institutions sont légales ou non.* Ainsi, par exemple, une fois de nombreuses perquisitions étaient commandées par la « garde noire anarchiste ». Quel que soit le résultat des perquisitions, la plupart du temps, il disparaît des logements perquisitionnés de l'argent, des valeurs, et en général toutes espèces d'objets « légaux ». Inutile de se plaindre, et même il est dangereux de rappeler son existence encore une fois aux autorités : heureux encore quand on n'est pas arrêté, car fréquemment on met à l'ombre les locataires, même si la perquisition n'a pas donné de résultats positif. Les perquisitions policières ont été spécialement fréquentes après l'assassinat de l'ambassadeur allemand, le comte Mirbach, par les socialistes révolutionnaires de gauche : (1) les bolchéviks ayant cherché partout les personnes compromises dans cet assassinat. Ces perquisitions ont encore augmenté après l'assassinat du bolchévik Ouritzki (président de la commission extraordinaire de Pétrograd) et après l'attentat contre Lénine, les bolchéviks arrêtant comme otages un nombre infini de citoyens, ce dont je parlerai plus loin.

« Liberté » de mouvement dans la Russie soviétiste.

La liberté de mouvement n'existe pas non plus dans « l'oasis socialiste ». Sans rappeler que ce n'est pas chaque personne qui oserait se résoudre à voyager dans

(1) Cet assassinat eut lieu à l'époque du 5me congrès de Soviets, c'est-à-dire les premiers jours du mois de juillet. Le meurtrier du comte Mirbach, Blümkine, réussit à s'esquiver. Mais à cause de cet assassinat les bolchéviks fusilièrent 12 socialistes révolutionnaires de gauche ; un grand nombre des membres de ce parti, y compris Mlle Spiridonova, furent arrêtés. Le sort de ces prisonniers m'est inconnu.

les chemins de fer de l'Etat (comme je l'ai déjà raconté), mais il est interdit, à tous les citoyens sans exception, d'entrer dans certaines villes et certains districts et d'en sortir. D'ailleurs les « citoyens » de la Russie « libre » n'ont pas le droit, sans autorisation spéciale des « commissions de logements » adjointes aux Soviets, de changer de logement, même dans la même ville. *Sans une telle autorisation, un locataire ne peut pas même permettre à un de ses parents de s'arrêter chez lui.* Mais ces commissions de logements peuvent loger qui bon leur semble et en quelque nombre qu'ils veulent bien dans tous les appartements, et cela, naturellement, contre la volonté du locataire principal. Je connais un cas où, dans un appartement de 4 chambres, où vivait une famille composée de quatre personnes, on avait logé 20 soldats de l'armée rouge qui avaient occupés les deux meilleures chambres avec tout l'ameublement, cela va sans dire. On peut se figurer ce qu'ils ont fait de cet appartement ! Toutes les meilleures maisons sont occupées pour différentes institutions gouvernementales et les locataires ont été obligés de vider les lieux souvent en un jour et en bien des cas on ne leur permit pas d'emmener leur ameublement. Je dois encore indiquer que *toute la quatrième catégorie* (dont nous avons parlé) *est renvoyée des villes par les bolchéviks et tous leurs biens sont confisqués.* Où vont ces malheureux ? De quoi vivent-ils ? Le pouvoir « socialiste » s'en désintéresse.

« La Commission extraordinaire pour lutter contre la contre-Révolution. »

Toutes les « libertés » civiles et politiques mentionnées dans la Russie soviétiste, sont protégées soigneusement par une institution nommée : « Commission panrusse extraordinaire pour lutter contre la contre-révolution, la spéculation, pour les appels comme d'abus » et à la tête se trouve un certain Dzérjinski, dont l'adjoint actif est le « camarade » Peters.

Cette commission ne peut être comparée même aux institutions les plus horribles, les plus révoltantes qui aient jamais existé dans les temps les plus sombres du moyen-âge. Les agissements des « Opritschniki » du tzar Jean le Terrible, au XVIme siècle, étaient bien terribles, mais ils s'effacent devant la « gloire épouvantable » de la W. tché-Ka (c'est-à-dire Wsérossyiskaya tchresvytshaynaya Kommissiya) ou « la Commission pour la lutte *contre la révolution* » comme les habitants de la Russie soviétiste le disent tout bas. Tout ce qui peut venir au cerveau malade du rebus de l'humanité, s'est rassemblé comme un foyer de lumière dans la commission du « camarade » Dzerjinsky. Elle est en réalité sinistre, *elle est toute puissante*, dans l'acception la plus terrible du mot. *Ses agents secrets se trouvent partout, et ses verdicts sont souvent des condamnations à mort, sans appel et immédiatement exécutés.* Le personnel de cette commission, excepté son bureau, est inconnu au public et je ne sais comment il est formé. *Ses séances sont secrètes*, on ne publie aucun procès-verbal et seulement souvent dans les journaux officiels on insère de longues listes de personnes fusillées sur l'ordre de cette commission, et les motifs déclarés de ces affreux verdicts sont terriblement laconiques et cyniques. Ainsi à côté des indications que tels ou tels ont été fusillés pour avoir pris part (?) à des émeutes de gardes blanches, on trouve des « motifs » de peine de mort comme ceux-ci : « a servi dans la police », « ex-officier », « adversaire du pouvoir soviétiste *par principe* », « partisan de l'intervention de l'Entente », etc., etc. La population ne sait absolument pas sur quel indice ont eu lieu les arrestations, comment se font les débats de l'affaire et qui signe les arrêts de mort, *toute l'activité de cette commission est soigneusement cachée aux masses populaires par un épais nuage de sang dans lequel disparaissent sans laisser de traces des milliers de citoyens innocents.* Ce n'est que d'après les paroles de quelques rares personnes qui ont dû y assister malgré elles et qui ont eu la chance d'en échapper vivants, que nous pouvons avoir une faible idée du sein mystérieux de cette commission, mais même ce faible tableau fait dresser d'horreur et de dégoût les cheveux sur la tête. Ainsi les ouvriers arrêtés le 13 juin nous ont raconté que ce sont des gens grossiers et ignorants qui y siègent, que les caves de cette commission sont pleines de citoyens de *toutes les classes* de la société, que cette *commission n'épargne pas même les enfants*, que les détenus sont des semaines sans être interrogés, que l'interrogatoire sent l'okhrana policière.... Ces informations produisent déjà une émotion terrible, mais quand *on se représente que la majorité des malheureux étouffant derrière les grilles de la commission sont menacés d'être fusillés, l'horreur pénètre encore plus l'esprit du lecteur.*

Quel crime faut-il commettre pour avoir le malheur de tomber entre les griffes de cette commission ? Nul ne le sait. Toute expression peu flatteuse, par exemple dans un tramway, sur l'activité même d'un membre individuel des Soviets, peut faire accuser de « contre-révolution » (on en a eu des exemples), de même que l'achat, en secret, de farine à des prix non fixés (comme les farines ont été monopolisées par l'État, on ne peut en acheter ouvertement) peut être considéré comme une « spéculation ». Si on a été officier et de plus blessé plusieurs fois pendant la guerre, ce fait seul peut vous faire fusiller. Tous les membres actifs des partis politiques en sont réduits à cette situation et tous les adrérents, même les plus humbles, du parti socialiste révolutionnaire de droite doivent être arrêtés en qualité « d'otages », comme j'en parlerai plus loin. Il va sans dire que ces citoyens sont obligés de prendre la fuite ou de se cacher et l'on peut affirmer qu'il n'y a jamais eu sous le régime tzarien tant de personnes forcées de se terrer, qu'il y en a à présent dans la république « socialiste ».

La commission extraordinaire a son siège à Moscou, mais il y a des branches dans toutes les villes et bourgades de la Russie soviétiste ; dans les grands centres il y a encore des « commissions extraordinaires du rayon ».

Pourtant cette surveillance si tracassière sur le civisme des citoyens a paru insuffisante à Lénine et à Trotzki. Sentant que les masses populaires haïssent de plus en plus le bolchévisme, les commissaires du peuple ont ordonné d'organiser de telles commissions auprès des administrations ferroviaires et auprès de toutes les grandes entreprises industrielles. *Ainsi la surveillance policière est descendue jusqu'au milieu du peuple travailleur lui-même.* Comme une gigantesque araignée venimeuse, la commission extraordinaire a pris dans ses toiles toute la Russie soviétiste et le malheureux pays, mourant de faim, chargé de ces affreuses chaines, n'a pas la force de se débarrasser des vampires dégoûtants et ne voyant pas de secours venir de ses amis, pour la cause commune desquels ce pays a donné la vie de bien des millions de ses fils, la Russie perd tous les jours de plus en plus l'espoir de sa résurrection.

Tribunaux « du peuple » dans la Russie soviétiste.

Ayant détruit toutes les anciennes institutions de la vieille Russie, les bolchéviks n'ont pas manqué de supprimer les tribunaux. Toutes les institutions judiciaires, et parmi elles le jury, comme évidemment « bourgeoises », ont été déracinées par eux. Au lieu des précédents tribunaux, les bolchéviks ont fait cadeau au peuple de tribunaux du « peuple ». Ce que sont ces juges, on peut le comprendre par le fait que les *juges sont nommés par les Soviets et qu'en tout temps ils peuvent être dépouillés de leur fonction judiciaire.* De cette façon, les bolchéviks non seulement ont rejeté le principe sacré de l'indépendance du juge, mais par suite de la composition uniquement bolchéviste des Soviets, ils ont mis les juges dans la plus horrible dépendance, *celle des partis.* Il est évident que les Soviets bolchévistes ne peuvent choisir comme juge qu'un bolchévik ou tout au plus un homme sympathisant avec le bolchévisme, et qu'un pareil « juge » ose juger impartialement surtout un accusé politique, il est impossible de se l'imaginer. Encore, s'il existait en Russie soviétiste des lois, un juge passable pourrait baser son verdict sur un certain paragraphe du code, mais le fait est que les bolchéviks ont *abrogé toutes les lois et n'ont rien mis à la place.* Il est vrai que les chefs du bolchévisme ont évidemment senti une grande honte à abroger toutes les lois d'un trait de plume, c'est pourquoi, dans son « décret sur les tribunaux », le pouvoir soviétiste s'est exprimé comme suit : « Toutes les anciennes lois existant en Russie gardent leur force à l'avenir, à l'exclusion de celles qui sont abrogées dans des décrets corrélatifs et qui *contrecarrent le sentiment du droit révolutionnaire* ». Il est incontestable que cette dernière adjonction abroge en réalité *toutes* les lois, car dans de telles conditions, il est absolument inutile de se référer à une législation quelconque, si elle « contrecarre le sentiment révolutionnaire » du juge ou de ses chefs, le Soviet, c'est-à-dire pour parler franc, si cette loi ne convient pas à celui-ci.

Pour occuper un poste de juge dans la Russie soviétiste, aucune preuve d'études n'est demandée. Il faut avouer que, en introduisant un tel système, les bolchéviks ont agi parfaitement logiquement, conséquemment. Puisqu'il n'y a plus de loi, et puisque le « juge » est obligé de ne faire que la volonté du Soviet, à quoi bon des grades universitaires, à quoi bon une préparation pratique ? Il faut avouer que les auteurs du décret sur les tribunaux ont agi tout à fait logiquement en supprimant la fonction de procureur et les avocats : comme gardiens et interprètes des lois, ceux-ci n'avaient rien à faire dans ce tribunal « sans loi », tribunal qui va si bien avec la commission extraordinaire et qui se nourrit de miettes tombant de la table luxueuse de celle-là. Il va sans dire, naturellement, qu'aucun des jurisconsultes et juges plus ou moins connus n'ont voulu travailler dans ces tribunaux « du peuple » : malgré l'absence complète de moyens d'existence, ils préfèrent mourir de faim ou travailler en qualité de bûcheron ou de débardeurs (1) plutôt que d'occuper un siège dans une cour judiciaire de la Russie soviétiste. La population elle-même n'a pas confiance aux juges bolchévistes : dans leurs différends, les gens ne s'adressent pas aux tribunaux, mais à l'arbitrage qui se répand un peu partout.

Résultats :

Voilà en traits généraux la situation judiciaire et sociale des citoyens du pays « le plus libre au monde ». Avant de s'emparer du pouvoir en Russie par la violence, les bolchéviks avaient promis par serment au peuple russe l'Assemblée constituante, du pain, la paix et la liberté. A quoi ont abouti leurs belles promesses ?

Au lieu de l'Assemblée constituante la dictature d'une bande de criminels.

Au lieu d'une Assemblée constituante, c'est un seul parti qui gouverne la Russie, ou plutôt c'est une bande de criminels qui, par leurs méthodes démagogiques et terro-

(1) On connait de nombreux exemples de ce fait.

ristes, conduisent le pays à la ruine finale et qui ne tiennent nul compte non seulement de tout le peuple, mais même de la volonté de la classe ouvrière. *Les gouvernants sont absolument irresponsables dans toute l'acception du mot des autocrates*, comme avec justice les ont nommés les ouvriers auteurs de l'appel reproduit par moi. Il est vrai que par la lettre de la constitution les commissaires doivent rendre compte au congrès panrusse des Soviets, mais ce n'est qu'une fiction. Outre que les membres d'un congrès comme les bolchéviks ne peuvent guère contrôler leurs camarades de parti, la session ne dure que 3 ou 4 jours, pendant lesquels il faut adopter des dizaines de décrets présentés par les commissaires du peuple à l'approbation, il faut beaucoup parler de la politique intérieure et extérieure et du support dû au prolétariat universel.... Où peut-on s'occuper d'un contrôle ennuyeux ? Mais même si les membres du congrès voulaient contrôler l'activité des commissaires du peuple, il est évident que, dans un laps de temps si bref, il serait impossible de le faire, surtout parce qu'au sein du congrès il n'y a pas de personnages qui puissent résoudre les questions si compliquées de la vie de l'Etat et surtout du budget du pays. Dans de telles conditions, *le rôle du congrès, — ce souverain du peuple russe — revient seulement à mettre son sceau au bas de tout ce que Lénine et Trotzki veulent.*

Ce saut des chefs bolchévistes de l'idée d'une Assemblée Constituante aux Soviets d'une classe est très caractéristique. *Avec le suffrage universel, les bolchéviks ne peuvent, dans aucune circonstance*, même malgré l'ignorance de la population russe, *obtenir la majorité*. Les bolchéviks ne cachent pas à présent leur extrême antipathie pour l'idée du droit du peuple : Ils appellent dans leurs journaux l'Assemblée nationale, la « Constipuante » et ses partisans sont nommés « contre-révolutionnaires », on les arrête et on les fusille. *La représentation proportionnelle qu'ils réclament à cor et à cri pour la poignée de leurs membres dans les pays où ils ne sont pas au pouvoir, ne leur est pas moins odieuse que celle de l'Assemblée Constituante.* Ayant chassé des Soviets tous les représentants des partis socialistes, les bolchéviks ont prouvé qu'une fois au pouvoir ils ne veulent partager ce pouvoir avec personne, et qu'ils veulent gouverner seuls. Il est intéressant encore de se rappeler que même sous le régime tzarien, quand les partis sosocialistes en Russie ne pouvaient exister légalement et que, dans la Douma d'Empire, il y avait des représentants officiels de tous les partis et parmi eux ceux des bolchéviks, mais dans la république « socialiste » le pays ne peut être gouverné que par les membres du parti « gouvernemental ».

Au lieu de pain, la famine générale.

Au lieu du pain promis à la population par les bolchéviks, toute la Russie centrale meurt littéralement de faim. Malgré les affirmations des bolchéviks que les paysans ouvriront immédiatement leurs greniers aussitôt que le pouvoir sera entre les mains des Soviets, les paysans non seulement n'ont pas augmenté le transport du blé, mais ils l'ont arrêté complètement. A présent, il faut leur arracher le blé en leur envoyant des « croisés » et par les dénonciations de la « racaille », mais ces mesures « héroïques » ne servent à rien : les villageois tuent les croisés et la racaille, et le blé est enfoui de plus en plus profondément dans la terre. La famine est telle, qu'à Pétrograd par exemple, comme je l'ai vu de mes yeux, les hommes, ou plutôt des ombres humaines, retournent de leurs doigts les *tas d'ordures* pour en retirer quelque chose et... le manger. Ces malheureux saisissent avec avidité des os que *sous leurs yeux*, les chiens avaient dédaignés. Ceci se passait le 10 octobre ! Qu'est-ce qui se passe à présent, alors que la famine marche à pas de géants ?

Au lieu de paix, le traité de Brest-Litovsk et la guerre partout dans la Russie soviétiste.

Tout le monde sait que les bolchéviks ont donné « *une paix* » à la Russie, la honteuse paix de Brest, mais peut-être tout le monde ne sait pas par qui et dans quelles circonstances elle a été conclue. Sans parler des autres partis politiques de Russie qui n'ont jamais rien eu de commun avec les gouvernants bolchévistes et qui ont toujours protesté hautement contre la conclusion d'une paix séparée par la Russie, mais même les socialistes révolutionnaires de gauche, qui alors partageaient le pouvoir avec les bolchéviks ne voulaient pas entamer des pourparlers de paix avec les Allemands. Pourtant quand ces pourparlers commencèrent, tous ont abandonné leurs postes de commissaires du peuple et quittèrent avec éclat toutes les organisations centrales de la Russie sovietiste. Même au sein des commissaires du peuple bolchéviste les opinions étaient très vivement séparées : Lénine et Trotzki insistaient pour la paix avec les Allemands et Dybenko et Madame Kolontaï regardaient cette démarche comme intolérable. Le point de vue de Lénine l'emporta et ses adversaires ne voulant pas se charger de la responsabilité de cette paix donnèrent leur démission. *Ainsi on ne peut même dire que le traité de Brest-Litovsk a été le fait des bolchéviks : cette page horrible de l'histoire russe a été écrite exclusivement par les mains souillées et criminelles de Lénine et de Trotzki* qui comprenaient parfaitement que la continuation de la guerre avec l'Allemagne équivaudrait à la fin prochaine et imminente de leur domination. Ils savaient fort bien que toute la Russie consciente et honnête non seulement ne voulait pas de cette paix, mais ne voulaient pas même entendre parler de pourparlers avec les Allemands, mais les commissaires ayant imposé leur volonté et conclu la paix, les commissaires du peuple, une fois de plus, par là, ont démontré cyniquement que la volonté du pays pour eux n'était qu'un vain mot.

Les évènements subséquents ont montré que Lénine avait raison : grâce au traité de Brest, le pouvoir bolchéviste a prolongé son existence et le gouvernement allemand ayant conclu cette « paix » avec les bolchévistes et ayant tout le temps soutenu l'autorité bolchéviste en Russie est tombé la première victime de son crime abominable.

Ayant satisfait à Brest son « amour de paix » *le gouvernement Lénine a transformé la Russie en un camp fortifié où la guerre fait rage sans cesse, sur d'innombrables fronts intérieurs et extérieurs.* Si l'on ouvre les Izvyéstia officielles, les yeux sont frappés des titres sans fin des « directions » de toutes sortes où les troupes de l'armée rouge « de la Russie moribonde » doivent supporter les attaques des « ennemis extérieurs » : la direction de Tzaritzine, de Kazan, de Samara, d'Ekaterinbourg, de Taghil..., impossible d'en faire le dénombrement. De plus il y a des fronts entiers, celui de l'Ukraine, du Don, de Mourman, et avant mon départ il y avait encore le front allemand malgré la « paix signée ».

Les fronts intérieurs dans la Russie soviétiste étaient encore plus nombreux, car les soulèvements contre l'autorité des Soviets éclatent de tous les côtés, par suite de quoi le gouvernement bolchéviste prend toute espèce de mesures « stratégiques » pour sauver son existence. Je puis, parmi ces mesures, indiquer la suivante : Tous les habitants des étages supérieurs des hautes maisons, dans les grands centres, sont déménagés de force et dans leurs appartements le gouvernement met des mitrailleuses et même des canons. Cela s'appelle officiellement « bourrage stratégique ». La guerre civile éclate parfois en véritable bataille qui souvent dure plus de huit jours, et des villes prospères sont entièrement ruinées, comme cela s'est passé l'été dernier à Yaroslavl. Il est inutile de parler des batailles des « croisés » avec les paysans, cette guerre ne cesse pas une minute et, au cas de victoire des paysans, d'affreux châtiments sont imposés aux communes coupables ; au mieux aller, elles en sont quittes pour une forte amende et parfois presque toute la population « victorieuse » est arrêtée et la majorité des habitants est fusillée.

Les commissaires du peuple comprennent parfaitement que, non seulement ils ne sont pas adorés du peuple, mais que toutes les classes de la société voient en eux leurs ennemis les plus acharnés, c'est pourquoi ces commissaires inventent toutes les méthodes possibles pour défendre leur propre vie. Ils demeurent au Kremlin de Moscou, à l'abri derrière ces hautes murailles et le public n'y est pas admis. Même quand, dans ce Kremlin, s'arrêtaient les empereurs de Russie, le public y entrait librement, mais quand dans ce sanctuaire du peuple russe s'est fixé le pouvoir « paysan et ouvrier » l'approche en est tout à fait interdite sans laisser-passer spécial.

Ne se confiant pas à l'armée rouge, ne se fiant pas même aux tirailleurs lettons, les commissaires du peuple se sont entourés d'une garde chinoise et ils vivent comme vivaient anciennement les conquérants sauvages dans les pays conquis par eux. Ne sachant d'où peut venir le danger, mais sentant avec l'instinct des bêtes fauves son approche et voyant que les socialistes révolutionnaires, désespérant de la possibilité de combattre légalement les bolchéviks, avaient résolu d'appliquer contre les plus sauvages et les plus furibonds des chefs bolchévistes leur ancienne méthode de lutte qu'ils avaient mise en œuvre contre les suppôts du régime tzarien — la terreur — voyant que leurs camarades Voladarski et Ouritzki étaient tombés victimes de cette méthode et que Lénine lui-même avait failli en périr, les commisaires du peuple perdirent la tête et résolurent d'adopter une mesure inouïe : ils publièrent leur fameux ordre sur les « otages ». En suite de cet ordre, tous les citoyens distingués des deux sexes, les membres des comités de tous les partis politiques, les ex-officiers, et *tous les membres* du parti des socialiste révolutionnaire de droite doivent être arrêtés et au cas d'attentat contre le pouvoir des Soviets ou contre quelques-uns de ses membres, ces otages doivent être immédiatement fusillés sur l'ordre de la commission extraordinaire locale. Je puis ajouter que cet ordre sur les otages est signé par le commissaire de l'intérieur Petrovski. *En vertu de cet ordre on arrête des familles entières, même des enfants, on fusille par milliers les otages.* Voilà la méthode de lutte adoptée par le pouvoir « du peuple ». Voilà la paix de la Russie soviétiste !...

Au lieu d'une milice populaire, la conscription obligatoire.

Les bolchéviks ont aussi trahi leurs promesses à propos de la suppression de l'armée. Auparavant ils criaient bien haut que le système de conscription n'était « tolérable que dans les pays barbares, où le pouvoir ne jouit pas du support de larges couches de la société, mais que le pouvoir des bolchéviks n'a pas besoin d'un tel système. Le peuple lui-même accourra sous les plis du drapeau rouge aussitôt que les Soviets l'appelleront au combat ». Il semblait qu'au premier appel des Soviets pour supporter le prolétariat russe et le prolétariat du monde entier contre les « vampires du capital » toutes les fabriques, tous les villages devaient se vider, que toute la Russie devait se lever comme un homme. Pourtant, malgré les appels les plus éloquents des Soviets, *malgré la famine même,* non seulement cela n'a pas eu lieu, mais au contraire les engagements dans l'armée volontaire, *où l'on est bien nourri,* furent si peu importants que les *bolchéviks ont dû avoir recours à l'ancienne « barbare conscription ».* Mais tandis qu'anciennement les insoumis étaient simplement condamnés à la prison, actuellement les réfractaires et insoumis sont fusillés comme « saboteurs ». Comprenant toutefois que dans de telles conditions une immense majorité d'ennemis des Soviets pénétreraient dans l'armée rouge, les bolchéviks n'arment pas une bonne partie des hommes inscrits et ils se servent de fusiliers lettons contre les « ennemis intérieurs ». Dernièrement aussi, cette « force allogène » s'est montrée peu sûre, probablement car *l'été dernier les « commissaires du peuple » ont formé un bataillon spécial composé de Chinois.* Ces barbares, comme je l'ai dit, exécutent les œuvres les plus criminels pour les bolchéviks, entr'autres ils fusillent « les mutins » sur l'ordre de la commission extraordinaire. A qui le pouvoir s'adressera-t-il quand les Chinois se montreront peu sûrs ? on n'en sait rien.

Quant à l'organisation de l'armée rouge, il faut dire que tout comité élu a été dissous par les bolchéviks, et que dans les régiments où ils se sont conservés par hasard, ils n'ont pas la moindre importance. Les bolchéviks ont rétabli en plus l'autorité des commandants, contre laquelle ils avaient tant lutté, en tâchant de s'emparer du pouvoir et en désorganisant l'ancienne armée russe de combat (1). Il est intéressant de se sou-

(1) Il faut dire que dans les détachements de l'armée soviétiste, il y

venir qu'avant leur coup d'Etat et les premiers temps de leur domination, les bolchéviks invitaient les soldats à fraterniser avec les Allemands et les portions de l'armée du front à conclure des armistices *séparés* avec l'ennemi. Eh bien ! quand, cet été, des détachements séparés qui ne reconnaissaient pas la paix de Brest-Litovsk ont fait une offensive contre les Allemands sur le front de l'Ukraine, les mesures répressives les plus extrêmes furent prises contre ces détachements et Trotzki déclarait solennellement au 5me congrès que, comme « ministre de la guerre », il ne pouvait tolérer que des détachements de l'armée agissent à leur volonté.

Au lieu de la suppression des secrets diplomatiques, renforcement de toutes sortes de « secrets d'Etat ».

Les bolchéviks avaient promis au peuple la suppression complète de toute diplomatie secrète et de tous les autres secrets d'Etat, « puisque le pouvoir du peuple n'a rien à cacher, et que tous ses travaux peuvent être observés par tous ». Il va sans dire que cette promesse aussi se trouve être fallacieuse. Il y a plus, beaucoup plus de mystères dans les bureaux bolchévistes que dans ceux des gouvernements les plus réactionnaires. Il est vrai que les bolchéviks le nient, mais personne ne les croit. Comment pourrait-on les croire, quand leurs décrets ne sont connus de la population que par les journaux après qu'ils ont déjà reçu force de loi et pourtant ces décrets bouleversent toute la vie de la société ? De plus on pourrait citer des exemples sans fin de l'existence d'un nombre incroyable de secrets des bureaux bolchévistes. Je vais en donner un des exemples les plus criards. L'héroïque amiral Stchasny, qui a sauvé la flotte baltique en l'empêchant de tomber entre les mains des Allemands a été accusé par Trotzki

a des « commissaires de gouvernement » ; il y avait déjà de pareils commissaires dans l'armée sous le gouvernement provisoire, mais naturellement pas des bolchéviks.

entr'autres d'avoir *divulgué des secrets d'Etat* et a été pour cela *fusillé par les bolchéviks.*

Certainement quand on vit dans la Russie soviétiste, et qu'on ne lit naturellement que les journaux bolchéviks, on ne peut savoir exactement jusqu'à quel point les bolchéviks ont menti, quels secrets diplomatiques et autres sont cachés par eux. Ainsi à peine arrivé à l'étranger, j'ai su que, d'après le traité de Brest, les Russes se sont engagés à payer aux Allemands quelques milliards de contribution. Dans le texte du traité de Brest, publié en Russie par les bolchéviks, il n'y a rien de pareil, et les journaux non bolchévistes qui paraissaient alors et qui s'étaient permis d'affirmer qu'il y a dans ce traité des points secrets non publiés par les bolchéviks furent immédiatement supprimés et mis à l'amende par l'autorité soviétiste, niant avec « indignation » une « si ignoble calomnie des contre-révolutionnaires, esclaves de la bourgeoisie », etc.

Au lieu de la liberté, étranglement complet de la liberté de la parole et de la presse.

Au lieu d'obtenir la liberté politique qui existait déjà avant les bolchéviks, *la liberté de la presse et de la parole est complètement étouffée par les bolchéviks, tous les partis politiques, excepté les bolchéviks naturellement, se sont trouvés des « ennemis du peuple » et obligés de se terrer.* Tous les meilleurs révolutionnaires sont déclarés des « contre-révolutionnaires », « des valets de la bourgeoisie », « des traitres sociaux », « de la canaille », et d'autres qualificatifs et pour éviter la peine de mort imminente ils prennent la fuite ou se terrent. Bien des personnes parmi les plus honnêtes, se sont trouvées dans une pareille situation, parmi lesquelles je mentionnerai la « grand'mère de la révolution russe », qui a passé un demi-siècle dans les cachots du régime tzarien, Breschko-Breschkowskaya ; le socialiste révolutionnaire Savinkov, fameux terroriste qui a exécuté le grand duc Serge et le ministre de l'intérieur Plehve ; et le violent ennemi du système d'oppression, le révélateur des mystères de l'Okhrana russe, l'homme de lettre Bourtzev.

Au lieu de la suppression de la peine de mort sur le front, des fusillades en masse.

En terminant, je crois devoir encore une fois souligner le *plus affreux* crime des bolchéviks de la Russie soviétiste, — *l'introduction de la peine de mort — peine de mort sans jugement, sans interrogatoire, et dans des proportions énormes.* Si sous le régime tzarien, on appliquait ce châtiment, au moins le code indiquait exactement pour quelle violation de la loi cette peine pouvait être appliquée. A présent personne ne sait pourquoi il peut être privé de la vie, par l'« autorité du peuple ». *Les bolchéviks fusillent pour tout, et les citoyens de toutes les classes.* A côté des filous, des cambrioleurs, des concussionnaires, ils exécutent les « contre-révolutionnaires » comprenant sous ce terme tous les citoyens qui n'appartiennent pas au parti « gouvernemental », c'est-à-dire non seulement leurs ennemis politiques, mais même tous ceux qui ne veulent pas soutenir activement le pouvoir bolchévik.

Comme cela est prouvé par les nouvelles officielles, comme je l'ai déjà dit, les commissaires du peuple fusillent même pour des principes politiques, les adversaires *par principe* du régime actuel, et même des hommes dont le seul crime était d'être officiers. Combien de citoyens innocents ont été martyrisés dans la Russie soviétiste, on ne peut en faire un compte exact et l'historien futur sera horrifié des chiffres donnés. *On peut dire avec certitude que durant les 200 ans d'existence en Russie du pouvoir impérial, il y eut bien moins d'exécutions que pendant une année de l'existence des bolchéviks.* Depuis le moment de l'introduction du système d'otages, cette comparaison avec l'époque impériale est encore plus « avantageuse » pour la république « socialiste ». *En me basant sur les données officielles des Soviets, je puis indiquer que pour venger l'assassinat du seul Ouritzki, on a fusillé, à Pétrograd seulement, plus de 500 otages*, et combien d'innocents ont été fusillés pour le même assassinat sur toute la surface de la Russie soviétiste, on ne saurait le dire. Aucun pays n'a jamais passé par un régime de terreur en masse comme celui qui est appliqué à toute la population, et à Dieu ne plaise, qu'aucun autre peuple ne supporte une pareille vie libre !

Tout ce qui est dit ici reflète bien faiblement la vie actuelle dans le « paradis socialiste » qui éclaire de son brillant soleil la commission extraordinaire. La réalité est réellement incomparablement plus épouvantable, et il faut un grand talent et beaucoup de temps pour peindre même un faible tableau de la vie dans ce « paradis » où pas un citoyen n'appartenant pas au parti « gouvernemental » ne sait, quand il se couche *affamé*, s'il ne sera pas réveillé par la visite inattendue d'intrus et s'il ne se trouvera pas dans les sombres souterrains de la commission extraordinaire dont les murailles sont imprégnées des larmes et du sang de milliers de leurs anciens habitants.

Je sais que si cet article tombe entre les mains des bolchéviks russes ou étrangers, selon leur habitude, ils crieront « avec indignation » la phrase ordinaire que *tout* ce que j'ai raconté n'est qu'une révoltante calomnie bourgeoise et un mensonge ; n'ayant sous la main aucune preuve, je suis privé malheureusement pour quelques temps de la possibilité de prouver ma véracité. *Mais qu'eux-mêmes disent ce qu'il y a de faux dans mes lignes.* Qu'en Russie la liberté de la presse est étranglée, et la liberté de la parole aussi ? Qu'on nomme un seul journal non bolchéviste qui paraisse légalement à présent dans la Russie soviétiste ! Que la liberté politique a été tuée par eux en Russie ? Qu'on nomme un seul parti qui puisse exister légalement dans le « paradis socialiste » ! Que la vie économique et industrielle a été ruinée ? Pourquoi donc les prix des objets de première nécessité sont-ils vingt fois plus hauts depuis que leur autorité existe, et pourquoi y a-t-il des millions de chômeurs ? Que tout le monde qui n'appartient pas au parti gouvernemental les méprise ? Qu'on nomme même un seul socialiste russe qui travaille dans leur Soviet ! Que les ouvriers russes sont contre les bolchéviks ? Qu'on contredise au moins l'appel des 12 ouvriers socialistes reproduit par moi ! Que les paysans russes ne reconnaissent pas le pouvoir bolchéviste ? Que l'on se réfère aux rapports sténographiques des discours de Lénine et de Trotzki au 5me congrès, où ces deux aventuriers convoquaient les ouvriers à une « croisade » contre les paysans, qu'ils déclaraient ennemis du peuple ! Que les bolchéviks tuent en masse des citoyens, sans jugement, sans enquête ? Qu'ils montrent les « Izvestia » officielles d'une semaine quelconque de la deuxième partie de l'été passé ! Que la Russie des Soviets est gouvernée par une poignée d'usurpateurs et de chevaliers d'industrie, et que toute la population de la Russie est contre eux ? Qu'on explique donc pourquoi les bolchéviks, trahissant leurs propres promesses, ont introduit le service militaire obligatoire, pourquoi ils entreprennent des « croisades », pourquoi ils ont engagé des Lettons et des Chinois, pourquoi les étages supérieurs des maisons, dans les grands centres, sont occupés par des canons et des mitrailleuses ! Pourquoi ils ont tué la presse, pourquoi ils ont créé leur maudite commission extraordinaire !.... Enfin tous les partis de l'opposition, les partis révolutionnaires qui existaient en Russie, sous le régime tzarien, pensaient avec raison que le fait même de l'existence de la censure et de la police politique de sûreté montre mieux que toute autre chose la faiblesse de l'autorité tzarienne. Que peut-on dire de votre autorité, bolchéviks, quand vous avez tué toute la presse et qu'au lieu de l'administration de l'Okhrana, vous avez fondé la commission extraordinaire incomparablement plus horrible ?....

Conclusion.

C'est par la tromperie et la violence que les bolchéviks se sont emparés du pouvoir en Russie, les socialistes les ayant aidés malgré eux, ainsi que les masses de soldats et d'ouvriers induits en erreur. C'est par la tromperie et la terreur que le pouvoir bolchéviste se maintient encore en Russie, et que depuis plus d'une année le pays déchiré gémit sous ce joug sanglant. A présent le même terrible danger menace l'Allemagne et l'Autriche-Hongrie, il peut encore se répandre sur d'autres pays. *Comment peut-on expliquer l'extension du bolchévisme à l'étranger si ce n'est par la complète ignorance de ce qui se passe en Russie soviétiste ?* Vivant ici, je suis frappé que même les gens instruits, en Suisse, ne sachent pas comment vit la population de ce « paradis socialiste » et les ouvriers, les paysans le savent encore moins, naturellement. Les agents des bolchéviks savent profiter de cette ignorance, et à la hâte répandent partout leur semence vénéneuse d'anarchie et de désorganisation, lesquelles, malheureusement, commencent parfois à pousser. Comment expliquer que dans quelques endroits d'Europe, les ouvriers ont écouté les appels infâmes à fêter l'anniversaire de la domination soviétiste en Russie, et aient fait des manifestations à cette occasion ? Ce n'est qu'à la complète ignorance de la vie sous la domination bolchéviste et de la nature ignoble de ce pouvoir qu'on peut l'attribuer. *Est-ce que ces ouvriers savent que par leur manifestation ils ont foulé aux pieds leur plus bel idéal et ont profondément offensé leurs camarades russes crevant de faim, qu'on fusille, qui remplissent les prisons « du plus libre pays du monde » sur l'ordre du pouvoir « ouvrier et paysan » ?...*

Il est temps de reconnaître que le bolchévisme n'est pas une affaire particulière de la Russie, de l'Allemagne ou de tout autre pays. Comme la peste il est contagieux, il menace de souiller de sang le monde entier et d'effacer toutes les traces de la civilisation et de la culture. Cet ennemi est d'autant plus terrible qu'il n'hésite pas à mettre en œuvre les moyens les plus vils pour arriver à son but. Promesses irréalisables, corruption, menaces, provocation, c'est, pour les bolchéviks, comme l'eau pour le poisson, tout leur est bon pour arriver à s'emparer du pouvoir. On le voit bien par l'exemple de la malheureuse Russie. Est-ce que cet exemple effrayant n'a rien enseigné à l'Europe ? Est-ce que, à présent encore, les partis politiques, démocratiques et socialistes trouveront possible d'entretenir des rapports avec les bolchéviks, de travailler avec eux, à présent que tous les partis russes ont rompu toute relation avec ces usurpateurs et ont été pour cela déclarés « *ennemis du peuple* » ? *Est-ce que les socialistes du monde entier trouveront possible de s'asseoir à côté des chefs de ce mouvement, souillés de sang de milliers de martyrs russes, un parti qui tient dans les fers ou en exil les acteurs les plus nobles du mouvement libérateur russe ?*

Les peuples de l'Europe, du monde entier ne doivent pas se laisser tromper par une bande de chevaliers d'industrie et de démagogues, pour lesquels le mot sacré de « Patrie » n'est qu'une « survivance de la pensée bourgeoise ». Qu'on se rappelle toujours l'exemple tragique de la Russie épuisée, misérable et qu'il suffise de cette seule et immense victime du mensonge et de la trahison !

Le bolchévisme, ai-je dit, est contagieux. *Mais cette contagion ne peut s'emparer que de ceux qui ne savent pas ce que sont les bolchéviks quand ils sont au pouvoir*, et de quoi est capable alors ce rebut de l'Humanité. Ne tenez pas vos peuples dans l'ignorance de ce qui se fait dans la Russie soviétiste ! Montrez-leur à tous ce qu'on fait les « apôtres du bien » dans le « paradis socialiste » ! Arrachez le masque au bolchévisme pour que chacun voie combien son existence est repoussante et néfaste !....

Vous tous qui connaissez l'activité du bolchévisme au pouvoir, surtout vous qui avez vécu dans la Russie soviétiste et en êtes revenus, ne cachez pas vos expériences, mais criez partout ce que vous avez vu là-bas, ce que vous avez souffert et comment vit tout le monde, en particulier les ouvriers et les paysans, sous l'égide du pouvoir « paysan-ouvrier ». C'est votre devoir, votre sacrée obligation devant la patrie et le monde entier....

Je serais heureux si un seul homme qui sympathise à présent avec le bolchévisme, en lisant ces lignes écrites à la hâte, se dit : « Si ce qui se passe dans la Russie soviétiste est le socialisme ou une voie vers le socialisme, je ne suivrai pas cette voie. »

Jacques WEISS.

25 Novembre 1918.

www.ingramcontent.com/pod-product-compliance
Lightning Source LLC
LaVergne TN
LVHW050432160826
845677LV00002BA/674

* 9 7 8 2 3 2 9 6 8 0 7 9 8 *